Library of Congress Control Number: 20149
ISBN: 978-1-62998-300-4
E-ISBN: 978-1-62998-301-1

Impreso en los Estados Unidos de América
14 15 16 17 18 * 5 4 3 2 1

ÍNDICE

PARTE I

Orígenes del misterio

Capítulo 1

UN MISTERIO DE TRES MIL AÑOS

¿Es posible...?

- ¿Es posible que exista un misterio de tres mil años de antigüedad que subyace en todo, desde la implosión de la Bolsa de Nueva York, el desplome de la economía estadounidense y mundial, el ataque del 11 de septiembre, el ascenso de naciones, la caída de naciones, y eventos que aún no han sucedido pero que han de suceder?

- ¿Es posible que las palabras de un antiguo texto estén determinando y controlando el futuro del ámbito financiero, el ámbito de los negocios y el ámbito económico?

- ¿Es posible que una ordenanza dada a una nación del Oriente Medio relativamente pequeña y desconocida esté ahora determinando el futuro de cada nación de la tierra?

- ¿Es posible que un principio espiritual dado a una nación de pastores y agricultores subyazca en la expansión y el colapso de prácticamente todos los mercados bursátiles del mundo?

- ¿Es posible que un misterio que comenzó hace más de tres mil años en un monte en el desierto detalle el momento exacto, hasta fechas y horas, de algunos de los eventos más críticos de los tiempos modernos?

- ¿Y es posible que este misterio esté incluso ahora gobernando el futuro de todo aquel que lee estas palabras y las vidas de la mayoría de habitantes de este planeta?

Puede que suene a algo que uno esperaría encontrar en una película de fantasía o ciencia ficción de Hollywood, pero es real, tan real como cualquier fenómeno podría serlo.

Gran parte de lo que será revelado en este libro nunca antes ha sido revelado en forma escrita. La mayoría de personas nunca han oído de la palabra *Shemitá*, y menos aún del misterio que la rodea. Sin embargo, sus vidas han sido críticamente influenciadas, alteradas o determinadas por su manifestación.

Todo comienza en la cumbre del monte en el desierto sobre la cual un anciano con barba permanece esperando una revelación. La revelación llegará. Y cuando el anciano desciende del monte, continuará mediante una serie de encuentros sobrenaturales en el desierto. Dentro de esta revelación es donde comenzará el misterio del *Shemitá*.

La revelación seguirá desplegándose a medida que un profeta que llora camina sobre el lugar donde una vez se había erigido la ciudad santa, la gloria de su nación. Ahora está reducida a ruinas y escombros. La razón de su destrucción, el momento de la calamidad y la naturaleza de su juicio, están todos ellos contenidos en el *Shemitá* y el misterio que lo rodea.

El misterio seguirá revelándose después de los tiempos antiguos, a lo largo de siglos y épocas, hasta llegar al mundo moderno.

Englobará el ascenso de Estados Unidos a potencia mundial, el desplome de Wall Street y los mercados bursátiles en todo el mundo, la marcha de los soldados aliados por Europa y hasta Berlín, el orden global después de la guerra, los eventos del 11 de septiembre, la Gran Recesión, y mucho más.

El misterio confluirá en una segunda dinámica: el misterio de las torres, un fenómeno que comienza con la construcción de Babel y se extiende hasta las ruinas de la Zona Cero.

El misterio del *Shemitá* no sólo operará en la etapa masiva y global, sino también en la menor de las escalas, alterando cuentas bancarias, determinando el bienestar económico o la falta de él para quienes han comprendido que tal fenómeno existe, cambiando el curso de sus vidas.

En años recientes, los analistas económicos y financieros se han quedado sin palabras mientras observaban el desplome de la mayoría de ámbitos económicos y financieros del mundo; y sin embargo, descubriremos que el secreto que está detrás de esos fenómenos subyace no en las opiniones de los expertos modernos, sino en las palabras de antiguos pergaminos.

El misterio fue revelado por primera vez en *El presagio: el misterio ancestral que guarda el secreto del futuro del mundo*. No me apropio de mérito alguno por el libro o las revelaciones que contiene. Yo no estaba buscando escribir un libro, ni tampoco buscaba presentar ningún mensaje o revelación. Comenzó sin ser buscado, y después básicamente se fue escribiendo solo. *El presagio* contiene catorce revelaciones principales o misterios. Una de esas revelaciones es la del *Shemitá*.

Desde el momento en que fue publicado el libro, he sido inundado de preguntas con respecto al futuro de Estados Unidos y del mundo. En particular, el capítulo diecisiete de *El presagio*, que revela el vínculo entre el antiguo *Shemitá* y los eventos de tiempos modernos, ha provocado un torbellino de especulación. Con la aproximación del siguiente *Shemitá*, la cantidad de especulación ha aumentado de manera exponencial. A la vista de eso, FrontLine, editorial de *El presagio*, sintió fuertemente que había que escribir un libro para abrir el misterio del *Shemitá*. Acudió a mí con la idea.

Mi reacción inicial fue de cautela, porque no quería que el mensaje o la advertencia contenidos en *El presagio* se perdieran en establecer fechas. El llamado supremo de *El presagio* es al arrepentimiento, no a la especulación o a establecer fechas concretas. Los misterios contenidos en *El presagio* señalan todos ellos a una próxima calamidad nacional que concierne a Estados Unidos y al mundo, pero esa calamidad no tiene por qué producirse cuando nosotros pensamos que debería o según un calendario. El juicio y la calamidad revelados y de los que se advierte en *El presagio* no dependen de ninguna fecha o parámetros de tiempo. Pero mostrando un cambio nacional desde luego, sucederán. Lo más importante, independientemente de cuando lleguen, es estar preparados y estar a cuentas con Dios.

Había mucho más con respecto al misterio del *Shemitá* de lo que yo pude revelar en el único capítulo en *El presagio* concerniente a él; tanto, que sería necesario un libro entero para revelarlo. Ese es el motivo de este libro. Lo que no pudo ser revelado antes será revelado ahora. De hecho, como sucedió en

El presagio, la mayoría de los misterios que van a ser revelados en las páginas siguientes nunca antes hasta este momento han sido revelados.

- - - - - - - - - - - - -

Ahora nos embarcamos en una expedición para encontrar las piezas de un misterio ancestral. Después comenzaremos a unir esas piezas hasta que el misterio sea revelado. En el proceso, responderemos a estas preguntas:

- ¿Podría haber un fenómeno ancestral que subyace en la mayoría de eventos críticos de los tiempos modernos?

- ¿Podría este fenómeno estar operando tras algunos de los desplomes más dramáticos y monumentales de Wall Street y de la economía global?

- ¿Podría este fenómeno sustentar algunos de los eventos más colosales de los tiempos modernos?

- ¿Podría este fenómeno de tiempos antiguos ser tan preciso que no sólo haya determinado eventos en el mundo moderno, sino también haya ordenado su momento, hasta las fechas exactas, horas, incluso minutos?

- ¿Podría este fenómeno estar ya afectando, dando forma y alterando nuestras vidas y las vidas de prácticamente todo el mundo a quien conocemos?

- ¿Tiene este misterio ancestral la clave de lo que espera en el futuro, lo que aún ha de llegar?

- ¿Hay señales y presagios que nos advierten de lo que nos espera?

- ¿Continuará por muchos más años la época estadounidense tal como la conocemos, o seremos testigos de su fin?

- ¿Está Estados Unidos en peligro de una próxima calamidad, un colapso, incluso juicio?

- ¿Qué alberga el futuro para el mundo?

Comencemos ahora la búsqueda.

Capítulo 2

LA CLAVE ISAÍAS

Las advertencias

¿**P**ODRÍA DIOS ENVIAR una advertencia tal como lo hizo con personas y naciones en tiempos antiguos, pero ahora a personas y naciones del mundo moderno?

La Biblia revela un claro patrón: antes del juicio, Dios advierte. En tiempos del antiguo Israel, Dios envió advertencia de inminentes juicios nacionales a través de diversos medios, como visiones, sueños, voces audibles, declaraciones

7

proféticas, señales, la palabra escrita, actos proféticos, sucesos sobrenaturales y consecuencias de eventos naturales.

La Biblia afirma que Dios no cambia. Él es el mismo ayer, hoy y siempre. Por tanto, debemos concluir que Dios no sólo *puede* enviar una advertencia profética al mundo moderno, sino que también, en lo que respecta al juicio, Él *enviará* advertencia. Por tanto, en el caso de una nación que está en peligro de una inminente calamidad o destrucción, podemos esperar que será dada tal advertencia, y de una manera coherente con las que se dieron en tiempos bíblicos.

El día de las Torres

El presagio es la revelación de un misterio bíblico ancestral manifestándose en tiempos modernos. Es un mensaje de advertencia con respecto a una futura calamidad. ¿Cómo y cuándo se produjo?

Comenzó la mañana del 11 de septiembre de 2001. Diez años antes, yo había sido guiado a dar un mensaje en el cual hablé de juicio nacional comenzando en la ciudad de Nueva York. Compartí ese mensaje no muy lejos de la ciudad, donde los dos ministerios que dirijo, Hope of the World y el Jerusalem Center/Beth Israel, están ubicados, al norte de Nueva Jersey, al otro lado del río desde Manhattan.

La tarde del 11 de septiembre estaba yo contemplando al otro lado del río Hudson la inmensa nube de humo que cubría el lugar de la destrucción y gran parte del bajo Manhattan. Más adelante, en oración con respecto a la calamidad nacional, fui dirigido a los capítulos nueve y diez del libro de Isaías.

Esos capítulos contenían el versículo del cual provendrían las revelaciones de *El presagio*. En ese momento, no me enfoqué en ese único versículo. Estaba más enfocado en el contexto general, que era el de una nación que experimentaba el primer golpe de advertencia de juicio nacional, una advertencia en forma de una oleada de terror en la tierra.

La clave Isaías

El evento que demostró ser el punto de inflexión tendría lugar algún tiempo después en la esquina de la Zona Cero. Yo estaba situado en una parcela de terreno cerca de donde habían caído las torres. Mi atención se quedó fija en un objeto. El objeto era un árbol que había sido derribado por la fuerza de la calamidad. Oí una voz interior que decía: "Hay un misterio aquí. Debes buscar y encontrarlo". Así que comencé a examinar el misterio que tanto había atraído mi atención.

Inmediatamente fui guiado a la misma sección de Isaías que abrí en la estela del 11 de septiembre. Pero esta vez mi atención fue enfocada a un versículo concreto en la profecía de Isaías, el versículo que abriría la puerta a las revelaciones que serían conocidas como *El presagio*. La revelación conllevaba nueve señales proféticas de advertencia y juicio. El árbol caído fue la primera pieza del rompecabezas del misterio ancestral que siguió creciendo y haciéndose cada vez más grande.

Las piezas del rompecabezas

Una a una, las nueve señales fueron reveladas. Siempre que el misterio parecía llegar a un punto muerto, se daba la siguiente indicación. Llegaba en forma de alguien que decía una palabra que demostraba ser la siguiente clave del rompecabezas. Otras veces llegaba mediante un sentimiento interior, el cual, al investigarlo, demostraba ser cierto. Otras veces venía en forma de "accidentes": algo aparecía de la nada en mi pantalla de la computadora que contenía la clave que yo había estado buscando, o en otras ocasiones lo que *no* había estado buscando.

La génesis de *El presagio*

Compartí por primera vez las revelaciones de *El presagio* en un servicio en mi congregación un viernes en la noche. Las personas que lo escucharon quedaron asombradas. Hubo un inmediato sentimiento de que era un mensaje que tenía que salir a la nación, pero yo no emprendí acción alguna en esa dirección hasta dos años después cuando fui dirigido a poner por escrito las revelaciones.

En el año 2005, mientras compartía las revelaciones iniciales, hice alusión a un futuro desplome de Wall Street. En septiembre de 2008, en medio de la escritura del libro, Wall Street ciertamente se derrumbó. El colapso desencadenó la Gran Recesión, y también desencadenaría la apertura de una nueva corriente de misterios y revelaciones ancestrales. Fue en esta corriente donde comenzó a revelarse el misterio del *Shemitá*.

En el proceso de escribir *El presagio*, fui dirigido a presentar los misterios y las revelaciones de manera que fuese fácil para que cualquiera los entendiera. La Biblia utiliza parábolas, alegorías, historias, símbolos e imágenes para comunicar verdad espiritual y profética. Yo fui guiado a hacer lo mismo. Por tanto, *El presagio* presenta una historia que sirve como un canal mediante el cual se desentrañan los misterios y las revelaciones.

El profeta y los nueve sellos

La narrativa implica a una misteriosa figura conocida simplemente como "el profeta", y a otra llamada Nouriel, escritor y periodista. Nouriel recibe un regalo misterioso, que parece ser un ancestral sello de barro. En la superficie del sello hay una inscripción en una lengua extranjera. El sello sigue siendo un misterio para Nouriel hasta que su significado le es revelado por el profeta.

Su primer encuentro tiene lugar en lo que parece ser una reunión casual en un banco del parque con vistas al río Hudson. En el curso de sus subsiguientes encuentros, el profeta le da a Nouriel nueve sellos de barro. Cada uno de los sellos contiene un misterio que Nouriel debe buscar desentrañar.

Cada misterio está relacionado con un presagio de ad
y juicio que ahora se manifiesta en tierra estadounidense.

Toda la historia me llegó en cuestión de horas. En cuanto comencé a ponerla por escrito, con la voz del profeta presentando cada una de las revelaciones, las palabras llegaban en una rápida sucesión. Sin ninguna lucha y con poco esfuerzo, el texto fluía hacia las páginas. *El presagio* parecía escribirse él solo. Y en un espacio de tiempo relativamente breve fue completado.

La salida

Desde ese momento en adelante, el mensaje de *El presagio* ha cobrado vida propia. Desde la historia de cómo se convirtió en libro hasta el modo en que salió a la nación, ha procedido separado de los planes de cualquiera y ha implicado varios acontecimientos asombrosos e inesperados que desafían cualquier explicación natural. Ahora ya ha sido leído, visto o escuchado por millones de personas, y ha llegado hasta los más altos escalones del gobierno, hasta el punto de que miembros del Congreso y candidatos presidenciales han hablado de él en Capitol Hill. Desde el momento de su inicio hasta ahora, ha llevado las marcas de las huellas de otro.

A fin de abrir el misterio del *Shemitá*, antes debemos abrir, aunque sea brevemente, el misterio del que procede: el misterio de *El presagio*. ¿Qué es exactamente el misterio de *El presagio*? ¿Cuáles son los nueve presagios que se han manifestado en nuestro tiempo? ¿Y qué secreto contienen con respecto a nuestro futuro?

A eso pasamos ahora.

Capítulo 3

EL MISTERIO DE LOS NUEVE PRESAGIOS

El presagio

EL PRESAGIO ES la revelación de un misterio ancestral que guarda el secreto de lo que ha sucedido y está sucediendo al mundo en tiempos modernos, un misterio que subyace en todo, desde el 11 de septiembre hasta el desplome de Wall Street y la economía global, un misterio que abarca miles de años, en el cual un texto antiguo ordena las palabras pronunciadas por líderes mundiales, que no tienen idea alguna de lo que están diciendo; tan precisas, que momentos y fechas dadas hace más de tres mil años establecen los momentos y las fechas en los cuales tienen lugar algunos de los eventos más monumentales de tiempos recientes.

Los misterios contenidos en *El presagio* tocan el ámbito financiero, el ámbito económico, el ámbito político, el ámbito cultural, y las vidas, cursos y futuros de todo aquel que ahora está leyendo estas palabras.

El misterio comienza en los últimos días del antiguo Israel, el reino del norte, cuando nueve presagios, señales proféticas, advertencias de juicio nacional y destrucción, aparecen en la tierra. Se da a la nación un periodo de gracia para cambiar su curso o si no, dirigirse hacia la destrucción. Sin embargo, el pueblo y sus líderes responden no con arrepentimiento sino con desafío. Siguen en su curso de apostasía moral y espiritual. En cuestión de años, la nación será borrada de la faz de la tierra.

Lo que es inquietante, asombroso, aterrador o sorprendente es que esos mismos nueve presagios de juicio ahora están reapareciendo en tiempos modernos: en tierra estadounidense. Algunos aparecieron en la ciudad de Nueva York. Otros han aparecido en Washington D. C. Algunos se han manifestado en forma de objetos; otros, como acontecimientos. Algunos han implicado ceremonias, y otros han implicado a líderes estadounidenses, inclusive el presidente de Estados Unidos. Han sucedido con concreción, precisión, coherencia, y sin ninguna intención o acción consciente por parte de nadie para hacer que sucedieran. Los mismos presagios que una vez advirtieron de juicio a una nación antigua, ahora advierten de lo mismo a Estados Unidos y al mundo.

LOS NUEVE PRESAGIOS DE JUICIO

¿Cuáles son los nueve presagios de juicio que aparecieron en el antiguo Israel años antes de la destrucción de ese reino? En el espacio que tenemos aquí, ni siquiera podemos comenzar a explorar los misterios contenidos en *El presagio*; pero podemos tocarlos brevemente.

PRIMER PRESAGIO: LA BRECHA

Señal de la brecha: Años antes del juicio de una nación llega una advertencia, una conmoción nacional. La advertencia se manifiesta en forma de un ataque. El escudo de protección de la nación, su seguridad nacional, sufre una brecha. El ataque es temporal y contenido, pero constituirá la llamada de atención de la nación, la "campana de apertura" del juicio con respecto al futuro de la nación.

Aparición ancestral: Se manifestó en la antigua Israel en el año 732 a. C., cuando el escudo de protección de la nación sufrió una brecha mediante un ataque enemigo. El ataque fue temporal y contenido, una llamada de atención para un pueblo que había llegado estar tan sordo a la voz de Dios que ninguna otra cosa les llegaba.

La reaparición: Se manifestó en Estados Unidos el 11 de septiembre de 2001, cuando el escudo de protección de la nación sufrió una brecha mediante un ataque enemigo. El ataque fue temporal y contenido, una llamada de atención para un pueblo que había llegado estar tan sordo a la voz de Dios que ninguna otra cosa les llegaba: el primero de los nueve presagios de juicio. Tras la estela del 11 de septiembre, Estados Unidos comenzó de manera espeluznante a reproducir las acciones de la antigua Israel en sus últimos días como nación. Los mismos objetos, acciones, eventos y palabras se manifestaron, uno tras otro, al igual que lo habían hecho en los días anteriores al juicio de Israel.

EL SEGUNDO PRESAGIO: EL TERRORISTA

Señal del terrorista: El primer golpe de juicio, la brecha en el escudo de protección de la nación, no es solamente una acción militar sino también un acto de terrorismo. Está ideado y llevado a cabo por aquellos que emplean el terror como medio de lograr sus fines.

Aparición ancestral: Este presagio se manifestó en la antigua Israel cuando quienes idearon el ataque fueron los asirios: los primeros terroristas del mundo y padres de todos los terroristas, empleando el terror como un medio estratégico para lograr un objetivo político.

La reaparición: Se manifestó sobre suelo estadounidense cuando el ataque fue ideado por los homólogos modernos de los antiguos asirios, sus hijos espirituales, quienes incluso llevaron a cabo el ataque utilizando el idioma hermano del que hablaban quienes atacaron al antiguo Israel. El día 11 de septiembre incluso hará que los soldados estadounidenses luchen en la tierra de la antigua Asiria.

LA PROMESA DE RESISTENCIA

Después del ataque en el 732 a. C., el pueblo de Israel hizo una promesa. Las palabras de esa promesa fueron registradas por el profeta Isaías: "Los ladrillos cayeron, pero reedificaremos con piedra cortada; cortaron los sicómoros, pero en su lugar plantaremos cedros".[1]

La promesa fue un acto de desafío. La nación estaba diciendo: "Tú no nos humillarás. No nos arrepentiremos. No regresaremos. Más bien, seguiremos alejándonos de tus caminos. Reconstruiremos. Volveremos a plantar. Y mediante nuestra propia capacidad y recursos, regresaremos más fuertes que antes, contra ti".

Por tanto, en lugar de arrepentimiento hubo orgullo, y en lugar de humildad, arrogancia. Y la promesa se convertiría en la clave de los nueve presagios. Establecería el curso para la destrucción nacional.

TERCER PRESAGIO: LOS LADRILLOS CAÍDOS

"Los ladrillos cayeron…".

Señal de los ladrillos caídos: El primer acto de advertencia y juicio está marcado por la imagen de edificios que caen y se derrumban. Esto, y los montones de ruinas que estarán en su lugar, se convierten en la señal más tangible y la imagen más concreta de la calamidad.

Aparición ancestral: Las señales más tangibles de lo que tuvo lugar en el año 732 a. C. fueron los montones de ruinas de los edificios que los asirios habían destruido.

La reaparición: La señal más tangible del 11 de septiembre fue la de las torres caídas y los montones de ruinas que ocuparon su lugar.

CUARTO PRESAGIO: LA TORRE

"Pero reedificaremos…".

Señal de la torre: La nación bajo juicio regresa al terreno de la destrucción y promete reconstruir los edificios caídos, pero ahora mayores, más altos y más fuertes que antes. La reconstrucción se convierte en un símbolo de la tentativa de la nación de una resurgencia desafiante. Según la traducción más antigua de la Escritura, tomará la forma de una torre alta.

Aparición ancestral: En la estela del ataque de los asirios, el pueblo de Israel prometió reconstruir los edificios caídos y hacerlos más grandes, mejores y más fuertes que antes. Levantándose de entre los montones de ruinas habría muros, casas y torres.

La reaparición: En la estela del 11 de septiembre, Estados Unidos se embarcó en una campaña para reconstruir las ruinas. Desde el terreno de la destrucción comenzó a levantarse una torre. El edificio resultante sería el mayor objeto de desafío jamás levantado en tierra estadounidense.

QUINTO PRESAGIO: LA PIEDRA GAZIT

"… Con piedra cortada…".

Señal de la piedra gazit: Después del ataque, el pueblo obtiene un inmenso bloque rectangular de piedra de la roca de la montaña. La llevan al lugar de la destrucción, donde los ladrillos habían caído, y allí la ponen en su lugar. La piedra será la primera materialización de su promesa de desafío.

Aparición ancestral: El pueblo de Israel prometió reconstruir, no con los ladrillos de arcilla que habían caído, sino "con piedra cortada", indicando la palabra hebrea *gazit* un masivo bloque rectangular de piedra sacada de la roca de la montaña. Ellos subieron a las montañas y a la roca de la tierra, sacaron las inmensas piedras y las llevaron al terreno de la destrucción donde prometieron reconstruir y regresar más fuertes que antes.

La reaparición: El día 4 de julio de 2004 reapareció el quinto presagio en tierra estadounidense. Fue una piedra gazit, sacada de las montañas de Nueva York, llevada otra vez a la ciudad de Nueva York y situada sobre el suelo en la Zona Cero. Tuvo lugar una ceremonia al respecto, durante la cual líderes estadounidenses pronunciaron votos de desafío nacional.

EL SEXTO PRESAGIO: EL SICÓMORO

"Cortaron los sicómoros…".

Señal del sicómoro: El ataque no sólo causa la caída de edificios, sino también la caída de árboles, un tipo de árbol en particular: el sicómoro, una señal de juicio nacional.

Aparición ancestral: Se manifestó en la antigua Israel cuando los sicómoros fueron derribados en medio del ataque.

La reaparición: El 11 de septiembre se manifestó el sexto presagio en terreno estadounidense cuando la torre que caía golpeó un árbol: un sicómoro, la antigua señal de juicio nacional, en la esquina de la Zona Cero.

EL SÉPTIMO PRESAGIO: EL ÁRBOL EREZ

"Pero en su lugar plantaremos cedros".

Señal del árbol erez: En la estela de la calamidad, el pueblo decidió plantar otro árbol en el mismo terreno exacto en el cual había sido derribado el sicómoro. El segundo árbol no es un sicómoro, sino otro más fuerte. La palabra *cedro* se refiere al árbol hebreo *erez*: una conífera, de hoja perenne, de la familia de los pinos, un árbol para simbolizar su segura esperanza en su resurgimiento.

Aparición ancestral: El pueblo de Israel plantó árboles erez en el lugar de los sicómoros caídos, otra señal de su desafío y de su resolución a regresar más fuertes que antes.

La reaparición: Dos años después de la calamidad se manifestó el séptimo presagio en Estados Unidos. Apareció en el cielo en la esquina de la Zona Cero en forma de árbol. El árbol sustituyó al sicómoro caído. Fue situado en el mismo lugar. No era un sicómoro; era un árbol erez hebreo, al igual que en la antigua Israel. Personas se reunieron alrededor de él en una ceremonia y le pusieron su nombre: el árbol de la esperanza.

EL OCTAVO PRESAGIO: LA PROCLAMACIÓN

Señal de la proclamación: Un líder nacional proclama la promesa de Isaías 9:10. Se hace la promesa como una declaración pública, la señal de una nación que desafía a Dios. Al proclamar la promesa, el líder pronuncia juicio sobre la tierra.

Aparición ancestral: La promesa fue proclamada por uno o más de los líderes de Israel, y solamente un líder puede hablar por una nación y determinar su curso. La promesa, con intención de ser un clamor de reunión, pronunció en cambio juicio y preparó el escenario para la destrucción.

La reaparición: En el tercer aniversario del 11 de septiembre, un famoso líder estadounidense habló delante de políticos del Congreso, y de su boca salió la antigua promesa de desafío. Sin saberlo, pronunció juicio sobre Estados Unidos. Incluso construyó todo su discurso en torno a la antigua promesa de destrucción.

EL NOVENO PRESAGIO: LA PROFECÍA

Señal de la profecía: Un líder nacional proclama la promesa poco después de la calamidad, hablando proféticamente, proclamando aquello que tendría lugar, convirtiéndose en parte del historial nacional y preparando el curso hacia el juicio de la nación.

Aparición ancestral: Poco después del ataque del año 732 a. C., un líder proclamó la promesa, hablando de lo que tendría lugar antes de que sucediera, siendo registrado por el profeta Isaías y estableciendo el curso hacia el juicio de la nación.

La reaparición: El 12 de septiembre de 2001, el día después de la calamidad, el Congreso estadounidense se reunió en el Capitolio para declarar la respuesta nacional. El hombre designado para hablar por la nación fue el líder de la mayoría del Senado. Allí, delante del Senado y la Cámara de Representantes de Estados Unidos, la nación y el mundo, él proclamó la antigua promesa de desafío, preparando el curso hacia el juicio de la nación.[2] Él no tenía idea de lo que estaba diciendo, pero identificó Estados Unidos como una nación que desafía a Dios y está bajo juicio. Sus palabras se hicieron realidad. Habló de los presagios, el árbol que fue derribado, la piedra que se situaría en su lugar y la sustitución de un árbol por el otro. Estableció el curso del desafío y preparó el escenario para la segunda sacudida de la nación.

La segunda sacudida

Los nueve presagios no son el final de la historia sino el principio. Los misterios continúan. *El presagio* revela la progresión bíblica del juicio nacional. Si una nación no presta atención a la advertencia de la primera sacudida, entonces llega una segunda.

La segunda sacudida de Estados Unidos no implicó la destrucción de edificios. Más bien implicó la sacudida del poder mismo estadounidense. Al igual que con el 11 de septiembre, no sólo afectó a Estados Unidos sino también al mundo. La segunda sacudida conllevó el desplome del poder financiero y económico estadounidense, comenzando con la implosión de Wall Street.

Detrás de esta sacudida está un torrente de misterios bíblicos, uno de los cuales da el momento exacto y las fechas exactas, hasta las horas. Aquí tenemos tiempo sólo para mencionarlos brevemente.

El efecto Isaías 9:10

Un ancestral principio bíblico de los últimos días de Israel revela el modo en que la respuesta de Estados Unidos a la primera sacudida, las acciones concretas emprendidas en los días que siguieron inmediatamente al 11 de septiembre, produciría años después el desplome de la economía estadounidense y global.

El misterio del sicómoro

El día en que Estados Unidos comenzó su ascenso a superpotencia financiera global, apareció una señal. El día 11 de septiembre de 2001, la misma señal reapareció pero con una forma diferente, presagiando no el ascenso de una potencia mayor, sino advirtiendo de su inminente caída.

El misterio del tercer testigo

La Escritura ordena que antes de que sea ejecutado un asunto de juicio debe haber dos o tres testigos, dos o tres que den testimonio coherente con respecto al asunto. *El presagio* revela que en el caso de Estados Unidos y el juicio, los tres testigos han aparecido. El tercer testigo es el presidente de Estados Unidos.

El presagio continúa: las nuevas manifestaciones

Desde que se publicó *El presagio*, los presagios y misterios revelados en el libro se siguen manifestando. Se está haciendo realidad aquello de lo que se habla en el libro. El misterio del juicio ha seguido su progreso.

- Uno de ellos se refiere al séptimo presagio y una clara señal bíblica que predice el juicio de naciones.

- Otro concierne a una palabra profética oculta en las ruinas de la Zona Cero.

- Otro concierne al cuarto presagio, la torre, el presidente de Estados Unidos, y ocho palabras que conducen a la destrucción nacional.

- Otro de ellos concierne a un mensaje enviado a millones de personas en Estados Unidos y por todo el mundo confirmando el vínculo de Isaías 9:10 con el 11 de septiembre de 2001, pero dado años antes de que tuviese lugar la calamidad.

- Otro concierne a un evento que tuvo lugar mucho antes de que Estados Unidos se convirtiera en nación, y está relacionado con la entrega del mensaje de *El presagio* mismo.

La continuación de las señales es en sí misma una señal de que Estados Unidos ha continuado su alejamiento de Dios. A medida que progresa la apostasía, así lo hacen también los presagios de juicio.

La tierra del misterio

Otro misterio revelado en *El presagio* y que vale la pena mencionar aquí es el de la tierra del misterio. Envuelta en la fundación de Estados Unidos está una advertencia profética. La advertencia fue dada el primer día de Estados Unidos como nación, y tiene que ver con lo que sucederá si Estados Unidos alguna vez llega a alejarse de Dios. Unido a ese mismo día y esa advertencia está un terreno de la tierra: la tierra de consagración de Estados Unidos. Es ahí donde la nación fue dedicada a Dios en su nacimiento. Es esta tierra la que une a la antigua Israel, el 11 de septiembre y una advertencia profética a Estados Unidos para esta hora.

El misterio del *Shemitá*

Hay aún otro misterio en *El presagio* que no hemos mencionado, debido a que ahora dedicaremos el resto de este libro a revelarlo. Al haber establecido ahora el contexto profético, comenzaremos a revelar ese misterio ancestral que no sólo ha determinado el curso de la historia moderna y los eventos modernos en Estados Unidos y las naciones, sino que también ha ordenado los momentos mismos de esos eventos, incluso hasta días concretos y horas: el misterio del *Shemitá*.

Para abrir y revelar ese misterio, debemos encontrar y reunir cinco claves...

PARTE II

EL MISTERIO DEL *SHEMITÁ* Y LAS CINCO CLAVES

Capítulo 4

PRIMERA CLAVE: EL SÉPTIMO AÑO

El hombre en el monte

EL MISTERIO COMIENZA en un desierto del Oriente Medio. Un hombre anciano asciende a un monte. El monte tiembla y parece estar incendiado, con relámpagos y truenos de lo que se parece a un sonido de trompeta. Reunidos en la base del monte están miles de personas, que observan con temor.

El anciano llega a la cumbre del monte y entra en medio de una espesa nube. Dentro de la nube se le da una revelación. El hombre se llama "Moshe", y será conocido para gran parte del mundo como Moisés. De la revelación que él recibe llegarán los mandamientos, las leyes morales, las leyes dietéticas, las leyes de limpieza, el plano de la tienda conocida como el *mishkan* o "tabernáculo", el establecimiento del sacerdocio y los sacrificios, las leyes del día de reposo y los días santos, y todos los detalles que constituirán el fundamento sobre el cual descansará la nación de Israel. La revelación será llamada la *Torá* o la "Ley". De esta revelación surgirá el misterio del *Shemitá*.

El Sabat de años

Es bien sabido que, para la nación de Israel, cada séptimo día era denominado "el Sabat", o día de reposo. El Sabat era único entre los días. Se ordenó a los israelitas que lo mantuvieran separado y distintivo de los otros seis días de la semana. Era santo. Era el día del Señor. En el Sabat, todo trabajo regular y toda tarea mundanal debían cesar. El Sabat era el día de reposo, para ser dedicado únicamente al Señor.

Pero lo que no se conoce bien es que el Sabat no era solamente un día, sino también un año. Al igual que cada séptimo día era el día de reposo, así también cada séptimo año era el año de reposo.

> Jehová habló a Moisés en el monte de Sinaí, diciendo: Habla a los hijos de Israel y diles: Cuando hayáis entrado en la tierra que yo os doy, la tierra guardará reposo para Jehová. Seis años sembrarás tu tierra, y seis años podarás tu viña y recogerás sus frutos. Pero el séptimo año la tierra tendrá descanso, reposo para Jehová; no sembrarás tu tierra, ni podarás tu viña.
> —Levítico 25:1-4

El año de reposo de igual manera debía ser apartado y distintivo de los seis años que lo precedían. Había de ser un año santo, un año dedicado especialmente al Señor. Durante el año de reposo no debía hacerse trabajo alguno en la tierra. Toda siembra y cosecha, todo arado y plantado, toda recogida y cosecha tenían que cesar al final del sexto año.

> Seis años sembrarás tu tierra, y recogerás su cosecha;
> mas el séptimo año la dejarás libre...
> —Éxodo 23:10-11

Durante el año de reposo tenían que descansar no sólo las personas, sino también la tierra. Los campos se dejaban libres, los viñedos desatendidos, y no se mantenían los huertos. La tierra misma observaba su propio reposo para el Señor.

> ...para que coman los pobres de tu pueblo; y de lo que
> quedare comerán las bestias del campo; así harás con tu
> viña y con tu olivar.
> —Éxodo 23:11

Durante el año de reposo, el pueblo de Israel debía dejar sus campos, viñedos y huertos abiertos para los pobres. Durante la duración de este año la tierra pertenecía, en efecto, a todo el mundo. Y todo lo que creciese por sí solo se denominaba *hefker*, que significa "sin dueño". Por tanto, durante el año de reposo la tierra, en efecto, pertenecía a todo el mundo y a nadie al mismo tiempo.

29 de Elul

Igual de sorprendente es que lo que sucedía a la tierra durante el año de reposo era lo que le sucedía a la gente el último día de ese año:

> Cada siete años harás remisión. Y esta es la manera de la
> remisión: perdonará a su deudor todo aquel que hizo em-
> préstito de su mano, con el cual obligó a su prójimo; no
> lo demandará más a su prójimo, o a su hermano, porque
> es pregonada la remisión de Jehová.
> —Deuteronomio 15:1-2

"Cada siete años" se refiere al último día del año de reposo. Elul era el último día del año civil hebreo y el día veintinueve era el último día de Elul. Por tanto, el 29 de Elul, el último día del año de reposo, se producía una generalizada transformación en la esfera económica de la nación. Todo aquel que tenía una deuda quedaba liberado. Y todo acreedor tenía que liberar la deuda que se le debía. Por tanto, el 29 de Elul todo el crédito era borrado y toda deuda era cancelada. Las cuentas económicas de la nación eran, en efecto, canceladas. Era el día de anulación y remisión económica de Israel.

En la forma hebrea de considerar el tiempo, cada día comienza no con la mañana sino en la noche. Esto se remonta a Génesis 1, cuando el relato de la creación registra que hubo primero oscuridad, noche, y después el día. Por tanto, cada día hebreo comienza con la noche anterior a ese día. Y como la noche comienza con la puesta de sol, cada día hebreo comienza en la puesta de sol. Por tanto, el momento en que todas las deudas habían de ser o eran canceladas era la puesta de sol del 29 de Elul.

La remisión

En español, el mandato del 29 de Elul ordena que todo acreedor "otorgue una remisión". Pero el hebreo original ordena que todo acreedor haga un "*shemitá*". En estos dos primeros versículos de Deuteronomio 15, la palabra *shemitá* aparece no menos de cuatro veces. Al final del segundo versículo está escrito: "…porque es pregonada la remisión de Jehová". En hebreo se denomina el "*Shemitá*" del Señor.

La palabra *shemitá* se traduce con mayor frecuencia como "la liberación" o "la remisión". La palabra española *remisión* se define como "la cancelación o reducción de una deuda o un castigo". El *Shemitá* de la antigua Israel se refiere no sólo a la liberación de la tierra, sino también a la anulación de la deuda y el crédito ordenada por Dios y realizada a escala masiva y nacional.

Shemitá llegó a ser el nombre del último día del año de reposo, 29 de Elul, el día de Remisión; pero también llegó a ser el nombre del año de reposo en su totalidad. El séptimo año llegaría a conocerse como el año del *Shemitá*, o simplemente el *Shemitá*. El año del *Shemitá* comenzaba con la liberación de la tierra y terminaba con el día de Remisión, cuando las personas mismas eran liberadas.

Por tanto, la palabra *Shemitá* cubre tanto el séptimo año como el último día de este año. Hay motivo para eso. Ese último día, el 29 de Elul, es el crescendo del año, su cúspide y culminación: la remisión del año de Remisión. En cierto sentido, todo acerca del año del *Shemitá* se desarrolla hacia ese día final, cuando todo es liberado, remitido y cancelado en un día; o más concretamente, el anochecer de este día, la última puesta de sol.

Las radicales repercusiones

La idea de que una nación cese todo el trabajo en su tierra durante un año entero es una proposición radical. No menos radical es la idea de un día en el cual todo el crédito y la deuda son cancelados. Las repercusiones de estos dos requisitos son tan grandes, que surgieron preocupaciones en generaciones posteriores en cuanto a las consecuencias económicas y financieras del *Shemitá*. Esas preocupaciones fueron intensificadas cuando el pueblo judío regresó a la tierra de Israel en tiempos modernos.

A fin de resolver esas preocupaciones, los rabinos buscaron idear maneras de evitar los requisitos más radicales del *Shemitá*. Una de ellas estaba basada en la idea de que el *Shemitá* se aplicaba principalmente a tierras cuyos dueños eran judíos. Por tanto, en el año del *Shemitá*, agricultores judíos vendían sus tierras a personas no judías y seguían trabajando. La venta se hacía bajo un acuerdo en el cual la tierra regresaría al agricultor judío al final del año del *Shemitá*.

De la misma manera, los rabinos idearon maneras de evitar la cancelación de deudas. El sabio rabínico Hillel desarrolló un sistema mediante el cual las deudas podrían ser transferidas a un tribunal religioso. Ya que un tribunal no es un individuo, la deuda sobrevivía al año del *Shemitá*. Otros idearon otras estrategias igualmente. Por tanto, el *Shemitá* se seguía observando, de una forma u otra, pero esas formas llegaron a ser cada vez más simbólicas.

No todos aceptaron esos métodos. Judíos ortodoxos en Israel cuentan historias de agricultores judíos que fielmente guardaron el requisito del *Shemitá* sin ninguna alteración y terminaron con una cosecha extra abundante al año siguiente. Independientemente de la controversia que les rodeaba, el hecho de que esos métodos fuesen ideados por rabinos revela dos cosas que demostrarán su importancia a la hora de desentrañar el misterio del *Shemitá*:

1. El *Shemitá* tiene consecuencias que afectan concretamente el ámbito financiero y económico.

2. Los efectos del *Shemitá* tienen similitudes clave con los efectos de un desplome económico y financiero.

El llamado del *Shemitá*

¿Cuál fue el motivo del *Shemitá* en un principio? Hay varias respuestas, y todas ellas tocan el ámbito espiritual.

El *Shemitá* da testimonio de que la tierra y, efectivamente, el planeta tierra, le pertenece a Dios y sólo le es confiado al hombre como mayordomo. Dios es soberano. Su soberanía se extiende también a los ámbitos del dinero, las finanzas, la economía y las posesiones. Esas cosas son confiadas al cuidado del hombre, pero en definitiva pertenecen a Dios.

El *Shemitá* declara que Dios es primero y está sobre todos los ámbitos de la vida y, por tanto, debe ser situado primero y por encima de cada ámbito. Durante el *Shemitá*, Israel era, en efecto, impulsado a alejarse de estos ámbitos terrenales y acercarse a lo espiritual.

El *Shemitá* limpia y elimina, pone fin a desequilibrios, equilibra cuentas y anula lo que ha sido edificado en los años anteriores: una limpieza masiva de la situación financiera y económica. Pone fin a los compromisos y trae liberación. Su liberación se aplica no sólo a la tierra y a las cuentas financieras de la nación, sino también a algo mucho más universal. El *Shemitá* requiere de las personas que liberen sus apegos a la esfera material: sus posesiones, sus finanzas, sus bienes y sus deseos y búsquedas con respecto a tales cosas. Es romper vínculos. Y quienes liberan son de igual manera liberados, al no ser ya poseídos por sus posesiones, sino libres.

El *Shemitá* es un recordatorio de que Dios es la fuente de todas las bendiciones, espirituales y físicas igualmente. Pero cuando Dios es apartado de la escena, finalmente seguirá la eliminación de bendiciones. Así, el *Shemitá* aborda un defecto en particular de la naturaleza humana: la tendencia a divorciar las bendiciones de la vida del Dador de esas bendiciones, divorciar el ámbito físico del espiritual. Entonces busca compensar la pérdida de lo espiritual aumentando sus deseos sobre el mundo físico, persiguiendo así cada vez más cosas, aumento, ganancias: materialismo. Este aumento de cosas, a su vez, deja aún más apartada la presencia de Dios. El *Shemitá* es el antídoto para todas esas cosas: la eliminación de afectos materiales para permitir que entren la obra y la presencia de Dios.

La observancia del *Shemitá* es un acto de sumisión y humildad. Es el reconocimiento de que todo lo bueno proviene de Dios y en última instancia no puede ser poseído, sino sólo recibido como una encomienda. Las posesiones son soltadas, las cuentas son canceladas, aquello que se ha acumulado es eliminado. El *Shemitá* humilla el orgullo del hombre.

Por último, el *Shemitá* comparte los atributos del día de reposo, todo un año dado a reposar y dejar reposar, a liberar y ser liberado, a descargar a otros y dejar las cargas propias, a hacer borrón y cuenta nueva con los demás y con uno mismo, el tiempo designado por Dios para el reposo, la renovación y el avivamiento.

Primeras piezas del rompecabezas

Antes que de seguir adelante, repasemos las claves que tenemos ahora. Son las piezas del rompecabezas que llegarán a ser críticas para desentrañar el misterio del *Shemitá*:

- El *Shemitá* es para los años lo que el día de reposo es para los días.

- Tiene lugar una vez cada siete años.

- Es único y distinto de los seis años que lo preceden.

- Es el año del cese, la liberación y el reposo: el cese de lo que no ha sido cesado hasta el momento de su llegada.

- El *Shemitá* toca específicamente los ámbitos financiero y económico.

- Progresa y se desarrolla hasta su último día climático, 29 de Elul, el día de Remisión, el día de Anulación.

- El 29 de Elul todas las deudas son canceladas y todo el crédito liberado, y las cuentas económicas de la nación son transformadas y borradas.

- El *Shemitá* es generalizado, radical y extremo.

- Sus efectos, consecuencias y repercusiones tienen similitudes clave con las de un derrumbe financiero y económico.

El *Shemitá*, al igual que el día de reposo, tenía intención de ser una bendición para la nación de Israel. Las palabras y los conceptos más relacionados con él, como "la liberación", "la remisión", "el perdón de la deuda", son todos ellos positivos. Pero el misterio del *Shemitá* conlleva juicio. Esto plantea una pregunta importante y obvia: ¿Cómo podría algo que ha de ser una bendición nacional llegar a estar vinculado con un juicio nacional?

Demos un paso más: ¿Cómo podría algo que tiene intención de ser una bendición nacional transformarse en juicio nacional? En el capítulo siguiente descubriremos la segunda clave de la respuesta.

Capítulo 5

SEGUNDA CLAVE: AÑO 586 A. C. Y LA SEÑAL DEL JUICIO

El profeta en las ruinas

¡Cómo ha quedado sola la ciudad populosa! La grande
entre las naciones se ha vuelto como viuda...Todas sus
puertas están asoladas...Sus hijos fueron en cautividad...
—Lamentaciones 1:1-5

E L PROFETA CAMINA en medio de las ruinas de la ciudad
caída. La que fue antes la capital de su nación, la ciudad de

reyes y príncipes, ahora está reducida a cenizas y escombros. Las calles están desoladas. La ciudad sobre la cual descansaba el nombre y la gloria de Dios está destruida. La tierra de Sión ha quedado desolada.

Él no había estado en silencio; había hecho sonar la alarma y había advertido a su nación, una y otra, y otra vez. Pero ellos habían rechazado la advertencia y al portador de esa advertencia. Le persiguieron y le metieron en la cárcel. Y entonces, la calamidad de la cual había profetizado por tanto tiempo finalmente se produjo. El reino ya no existía. Había desaparecido el templo. Habían desaparecido los sacerdotes. Había desaparecido la nación que él había conocido y amado.

Era el año 586 a. C. La ciudad era Jerusalén. El reino era Judá. Y el profeta fue llamado "Yirmayahu", o como sería conocido más adelante para gran parte del mundo, Jeremías. Él lloró no sólo por la ciudad y la tierra, sino también por su gente. La ciudad estaba desolada; sus campos estaban abandonados. Hombres, mujeres y niños fueron llevados cautivos al exilio en la tierra de quienes habían producido la destrucción. Ahora, junto a los ríos de Babilonia, ellos se sentaban y lloraban.

El misterio de los setenta años

Jeremías había profetizado todo eso, la destrucción y el exilio. De hecho, el Señor le había revelado la duración del juicio, el número exacto de años:

> Y envió Jehová a vosotros todos sus siervos los profetas… pero no oísteis, ni inclinasteis vuestro oído para escuchar cuando decían: Volveos ahora de vuestro mal camino y de la maldad de vuestras obras, y moraréis en la tierra que os dio Jehová a vosotros y a vuestros padres para siempre… Por tanto, así ha dicho Jehová de los ejércitos: Por cuanto no habéis oído mis palabras… Toda

esta tierra será puesta en ruinas y en espanto; y servirán
estas naciones al rey de Babilonia setenta años.

—Jeremías 25:4-11

Según la profecía de Jeremías, durante setenta años la nación estaría bajo el dominio de Babilonia. Al final del tiempo
designado, el Señor haría que Babilonia cayese y los exiliados
regresarían a Sión. La profecía se hizo realidad en el año 539
a. C. con la caída del imperio babilonio y el ascenso de los
persas guiados por el rey Ciro. Ciro emitió un decreto otor-
gando al pueblo judío exiliado el derecho a regresar y reconstruir su tierra. Pero, ¿por qué setenta años? La razón está
profundamente arraigada en un misterio más ancestral aún.

"Porque todo el tiempo de su asolamiento reposó"

El libro de 2 Crónicas arroja más luz sobre la misma destrucción y exilio de los que Jeremías profetizó:

Y Jehová el Dios de sus padres envió constantemente palabra a ellos por medio de sus mensajeros…Mas ellos
hacían escarnio de los mensajeros de Dios, y menospre-
ciaban sus palabras, burlándose de sus profetas, hasta
que subió la ira de Jehová contra su pueblo, y no hubo ya
remedio. Por lo cual trajo contra ellos al rey de los cal-
deos…Y quemaron la casa de Dios, y rompieron el muro
de Jerusalén, y consumieron a fuego todos sus palacios…

—2 Crónicas 36:15-19

El relato pasa a hablar de aquellos que son llevados al exilio.
Y entonces aparece la clave perdida:

Los que escaparon de la espada fueron llevados cautivos
a Babilonia, y fueron siervos de él y de sus hijos, hasta
que vino el reino de los persas; para que se cumpliese
la palabra de Jehová por boca de Jeremías, *hasta que la
tierra hubo gozado de reposo; porque todo el tiempo de*

su asolamiento reposó, hasta que los setenta años fueron
cumplidos.
                              —2 Crónicas 36:20-21, énfasis del autor

"Hasta que la tierra hubo gozado de reposo" es una afirmación muy extraña y asombrosa. ¿Cómo goza la tierra de reposo? ¿Y qué podría tener que ver esto posiblemente con los setenta años de juicio? La respuesta se encuentra en los desiertos de Sinaí.

La pista de la Torá

En Levítico 26 es dada una profecía de lo que le sucedería al pueblo de Israel si se alejaba de Dios. Serían expulsados de la tierra y esparcidos entre las naciones. La profecía se hizo realidad en el año 586 a. C. con la destrucción de Jerusalén. Pero es aquí en la Torá donde es revelada la conexión vital:

> Haré desiertas vuestras ciudades, y asolaré vuestros santuarios…Asolaré también la tierra…Y vuestra tierra estará asolada, y desiertas vuestras ciudades. *Entonces la tierra gozará sus días de reposo, todos los días que esté asolada, mientras vosotros estéis en la tierra de vuestros enemigos; la tierra descansará entonces y gozará sus días de reposo. Todo el tiempo que esté asolada, descansará por lo que no reposó en los días de reposo cuando habitabais en ella.*
> —Levítico 26:31-35, énfasis del autor

Los "días de reposo" de la tierra a los que hace referencia este pasaje son los años de reposo: los *Shemitá*. En otras palabras, el *Shemitá* tenía la clave del momento de los juicios del Señor. Pero ¿por qué y cómo?

La señal del pacto

El *Shemitá* era una señal del pacto de la nación con Dios. Todo lo que ellos tenían, la tierra y todas sus bendiciones, dependía de ese pacto y de su relación con Dios. Todo les había sido confiado, pero le pertenecía a Dios. Si ellos se alejaban de Dios, entonces sus bendiciones serían apartadas, o más bien ellos serían apartados de sus bendiciones.

Por tanto, que el pueblo de Israel guardase el año de reposo era reconocer la soberanía de Dios sobre su tierra y sus vidas. También era un acto de fe. Requería su total confianza en la fidelidad de Dios para suplir sus necesidades mientras dejaban de cultivar. De la misma manera, cancelar todas las deudas que les debían era sacrificar ganancia económica y, una vez más, confiar en la providencia de Dios.

Por último, guardar el *Shemitá* era, sobre todo, un acto de devoción y adoración, poner a Dios por encima de todo lo demás en la vida. Pero a cambio de todo esto fue prometida una bendición. Si Israel guardaba el *Shemitá*, Dios guardaría y bendeciría a Israel con todo lo que fuese necesario, y mucho más.

El *Shemitá* quebrantado

Por otro lado, abandonar o rechazar el *Shemitá* significaría lo contrario: el quebrantamiento del pacto y el rechazo de la soberanía de Dios sobre la tierra y las vidas. Sería como si ellos dijeran: "La tierra no le pertenece a Dios, sino a nosotros. Nuestras bendiciones, nuestras posesiones, todo lo que tenemos en nuestras vidas, no viene de Dios sino del trabajo de nuestras manos, y tampoco le pertenece a Dios, sino a nosotros. No sacrificaremos beneficio o ganancia para seguir a Dios, ni tampoco permitiremos que nada detenga o interrumpa estos caminos. No tenemos necesidad alguna, tiempo ni espacio para Dios en nuestras vidas o en la vida de nuestra nación".

Por tanto, el asunto del *Shemitá* era crítico. Sobre él descansaba el futuro de la nación.

El *Shemitá* y la caída de una nación

El rechazo del Israel del *Shemitá* puso en movimiento una serie de amplias consecuencias y repercusiones. Si Dios no es soberano sobre la tierra y sobre su pueblo, entonces la tierra y su pueblo son alejados del Creador. Una cosmovisión que se centra en Dios es sustituida por una cosmovisión centrada en el hombre y en el yo. Por tanto, el pueblo de Israel sacó a Dios de sus vidas para convertirse ellos mismos en sus propios dioses, dueños de la tierra, de su mundo y de su destino. Ahora podían volver a escribir la ley y redefinir lo que era correcto e incorrecto, moral e inmoral.

Sin Dios, nada sería santo o, por tanto, impío. Nada tenía ningún propósito excepto el que ellos le asignaran ahora. Y sin ningún propósito verdadero, ellos podrían hacer lo que quisieran, no sólo con su tierra sino también con sus vidas, los unos con los otros y con sus hijos. Así que pusieron a sus hijos como sacrificios sobre los altares de dioses ajenos.

Debido a esta última transgresión, cayó el juicio finalmente. Comenzó con el quebrantamiento del *Shemitá* y terminó con la ofrenda de sus hijos e hijas en los fuegos de Baal y Moloc, el pecado que produciría la destrucción de la nación.

El juicio del *Shemitá*

Cuando cayó el juicio en el año 586 a. C., la santa ciudad fue dejada en ruinas, la tierra santa completamente asolada, y las personas fueron cautivas a una tierra extranjera. ¿Qué tiene que ver esto con el *Shemitá*?

La nación había expulsado a Dios de sus vidas y al *Shemitá* de su tierra. Ahora regresaría a ellos. Lo que se habían negado a observar libremente ahora caería sobre ellos por la fuerza. Regresaría a ellos no en forma de bendición, sino de juicio. Ellos habían expulsado el *Shemitá* de la tierra. Ahora, el *Shemitá* había regresado, y ellos mismos fueron expulsados. Ellos habían apartado a Dios de sus vidas; ahora sus bendiciones de igual manera serían apartadas de sus vidas, y sus vidas de sus bendiciones.

Las desolaciones del *Shemitá*

Durante el *Shemitá* no debía haber siembra y cosecha de la tierra. La nación había rechazado la ordenanza y trabajado en la tierra, explotándola para obtener ganancia. Pero cuando el *Shemitá* regresó a la tierra en forma de juicio, toda siembra y cosecha cesó, los viñedos y los huertos llegaron a su fin, y nadie trabajaba la tierra. Mediante juicio y calamidad se cumplía ahora la ordenanza.

Durante el *Shemitá*, todo aquel que poseía un viñedo o un huerto tenía que abrirlo para quienes tenían necesidad; todos los campos tenían que ser accesibles para los pobres; las puertas de las tierras amuralladas o valladas se abrían y se dejaban abiertas durante todo el año. En la destrucción del año 586 a. C., las puertas fueron abiertas por la fuerza, las murallas fueron derribadas, las vallas quedaron destruidas, los viñedos y los huertos quedaron desprotegidos, y el terreno privado se volvió público y accesible para todos. En juicio, se cumplió el *Shemitá*.

El último y climático día del *Shemitá*, todas las deudas eran canceladas, todo crédito anulado, y las cuentas financieras de la nación eran transformadas en una anulación masiva. En el 586 a. C. las cuentas financieras de la nación fueron, igualmente, transformadas en un barrido masivo del ámbito financiero de la nación. La calamidad canceló y eliminó todas las deudas y anuló el crédito por la fuerza. Como siempre había hecho, el *Shemitá* había transformado el ámbito financiero de la nación, sólo que ahora mediante la fuerza de la destrucción. El efecto del *Shemitá* era el de eliminar todo lo que había sido acumulado. En el 586 a. C., el *Shemitá* eliminó el reino mismo. Aquello que había sido construido, los palacios y las torres de la nación, fueron todos ellos eliminados. El reino mismo había sido anulado.

El severo Sabat

El *Shemitá* era el Sabat de años, el año de reposo, de la tierra en descanso, de los viñedos desatendidos, de la tranquilidad. En el 586 a. C. y en los años siguientes, con el pueblo en el exilio, la tierra de Israel reposó. Sus campos quedaron en descanso, sus huertos y viñedos desatendidos, sus trilladeros en silencio, sus olivos abandonados y sus prensas detenidas. Lo que fue ordenado desde el Sinaí se cumplió:

> Entonces la tierra gozará sus días de reposo, todos los días que esté asolada, mientras vosotros estéis en la tierra de vuestros enemigos; la tierra descansará entonces y gozará sus días de reposo.
>
> —Levítico 26:34

Había habido un total de setenta años de reposo o *Shemitás* que la nación no había observado. Por tanto, el juicio de Israel duraría setenta años.

> Todo el tiempo que esté asolada, descansará por lo que no reposó en los días de reposo cuando habitabais en ella.
>
> —Levítico 26:35

Por tanto, era el misterio del *Shemitá* el que guardaba el secreto del momento del juicio de la nación.

El *Shemitá* y la historia del mundo

El juicio que cayó sobre la tierra de Israel en el año 586 a. C. fue un evento fundamental en la historia bíblica, la historia judía y la historia mundial. En él, el templo de Jerusalén fue destruido y se cumplieron las palabras de los profetas hebreos. En él comenzó la Diáspora, cuando el pueblo judío fue esparcido por todo el mundo, y el escenario quedó preparado para la formación de lo que sería conocido como judaísmo y la venida de un rabino judío llamado Yeshua o Jesús, cuya vida cambiaría irrevocablemente la historia del mundo.

Y detrás de todo ello estaba el misterio del *Shemitá*. En otras palabras, este ancestral misterio oscuro y poco conocido ya ha afectado a todo el planeta y a aquellos que viven en él de maneras que son demasiado vastas para poder medirlas.

- - - - - - - - - - - - -

Pero ¿podría haber algo más? ¿Podría el misterio del *Shemitá* estar aún obrando, moviéndose, influenciando y alterando el curso de la historia mundial, incluso en el mundo moderno, incluso en nuestro tiempo?

Si es así, ¿qué forma adoptaría? ¿Cómo podría manifestarse el *Shemitá* en el mundo moderno? Es necesaria otra clave para encontrar la respuesta.

Capítulo 6

TERCERA CLAVE: LA MANIFESTACIÓN PROFÉTICA

¿Y si el misterio siguiera estando vigente?

S EGÚN EL LIBRO de 2 Crónicas, el misterio del *Shemitá*
estaba operando tras uno de los eventos más fundamentales en la historia mundial: la destrucción del reino en el año
586 a. C. Pero ¿y si el misterio siguiera estando vigente? ¿Y si
fuera a manifestarse de nuevo en el mundo moderno? ¿Y si estuviera operando en este momento, aún tocando, influenciando,

determinando o alterando el curso de la historia humana en tiempos modernos? ¿Cómo se vería eso?

La conexión económica del *Shemitá*

En las economías modernas, un porcentaje muy pequeño de personas trabajan la tierra, recogen cosechas o cuidan viñedos. Por tanto, ¿cómo podría el *Shemitá* romper la barrera para operar en el mundo moderno? ¿Qué sucede si vemos los efectos y las consecuencias del *Shemitá* en términos puramente técnicos y generales?

El resultado no es solamente relevante sino también sorprendentemente aplicable para nuestro tiempo: el efecto y las repercusiones del *Shemitá* se extienden hasta el ámbito económico de la nación, el ámbito financiero y los ámbitos del trabajo, el empleo, la producción, el consumo y el comercio.

Aunque la mayoría de economías modernas no están centradas en la agricultura, sino que son industriales o posindustriales, todos estos atributos se siguen aplicando. Así, si el *Shemitá* hubiera de manifestarse en tiempos modernos, afectaría al ámbito financiero de una nación, su ámbito económico y sus ámbitos de trabajo, empleo, producción, consumo y comercio.

Colapso económico

Durante el curso del Shemitá, la producción de la nación se ve severamente disminuida. Que una nación moderna sea testigo de un severo descenso de su producción señalaría a una desaceleración económica o recesión, un colapso económico, o una depresión. Durante tales periodos, la demanda se detiene, las empresas reducen personal, las fábricas hacen recortes en la producción, y los negocios cierran sus puertas.

Durante el Shemitá, el trabajo de la nación se ve muy reducido o llega a detenerse. En el caso de una nación moderna, esto se traduciría en un desempleo masivo. Todas estas, repito, son características de una recesión o depresión económica.

Durante el Shemitá, la compra y venta de la producción de la tierra se ven restringidas y los frutos del trabajo son abandonados. Aquí tenemos otra característica de las recesiones y los desplomes económicos. La demanda se detiene. El consumo cae en picado. El comercio disminuye. Los consumidores hacen recortes en sus gastos. La mercancía se queda almacenada en tiendas y almacenes, y el comercio internacional sufre inmensos declives. Los frutos y los productos de la industria y los servicios de la nación son abandonados.

Desplome financiero

En su día climático, el 29 de Elul, la fuerza del *Shemitá* hace que el crédito sea cancelado y la deuda sea eliminada. Las cuentas financieras de la nación son transformadas, anuladas y eliminadas.

La descripción nos señala de nuevo a una implosión económica y, más específicamente, a un desplome financiero. Tales colapsos producen fracasos empresariales, fracasos bancarios, ejecuciones hipotecarias y bancarrotas. La deuda y el crédito son anulados. Y en crisis financieras que conllevan desplomes en la Bolsa de Valores, las cuentas económicas son transformadas, anuladas y eliminadas. Miles de millones de dólares quedan barridos en cuestión de horas o minutos.

Los efectos y las consecuencias del *Shemitá* señalan de modo coherente en dirección a un evento específico: un colapso económico y financiero. Esta semejanza del *Shemitá* con una implosión económica ha sido observada incluso por los rabinos.

El *Shemitá*: observancias y cataclismos

Por un lado, tenemos el *Shemitá* como un acontecimiento
bíblicamente ordenado, un evento religioso, un reposo y una
bendición, llevados a cabo mediante la observancia voluntaria
del pueblo de Dios. Por otro lado, tenemos la destrucción de un
reino, un evento que se produce mediante multitud de causas
que no tienen nada que ver con una observancia religiosa voluntaria. ¿Cómo pueden estar ambas cosas relacionadas? La Biblia misma establece la conexión en Levítico 26, cuando habla
de una invasión militar de tal magnitud, que reduce ciudades
enteras a ruinas y la tierra a una devastación sin población; y
sin embargo, habla de la desolación de la tierra como un cumplimiento del *Shemitá*.

El *Shemitá* en traducción moderna

Por tanto, independientemente del medio por el cual llegue,
el resultado final es el mismo. Es el *efecto* del *Shemitá* lo que
se manifiesta, ya sea mediante la observancia voluntaria del
pueblo de Dios o mediante un evento catastrófico. Los sem-
bradores y recolectores del antiguo Israel debían dejar volun-
tariamente de trabajar durante la duración del *Shemitá*; en
el mundo moderno, las recesiones e implosiones económicas
fuerzan a las personas al desempleo. Los medios son diferentes,
pero el resultado final es el mismo.

En el antiguo *Shemitá*, el abandono voluntario de campos
y huertos significaba que los productos y la productividad
de la tierra caían en picado; en el mundo moderno, la caída
en picado de la producción y los productos está causada por
desplomes económicos. En el antiguo *Shemitá*, el pueblo no
debía comprar, vender ni participar del fruto de la tierra;
en el mundo moderno, los desplomes económicos causan la
caída en picado del consumo y el comercio. Y en el antiguo
Shemitá, las personas debían hacer borrón y cuenta nueva en

sus estados financieros cancelando la deuda y el crédito; en el mundo moderno, los colapsos financieros hacen que el crédito se detenga, no se paguen las deudas y sean borradas las cuentas financieras.

Siembra y cosecha en el mundo moderno

Es asombroso observar cuántos términos agrícolas relacionados con el *Shemitá* están también vinculados a los ámbitos económico y financiero. La inversión financiera se denomina "siembra". Los fondos destinados a lanzar una empresa financiera se denominan "dinero de siembra". El comienzo de una nueva empresa se llama "plantar". Cuando una inversión financiera produce beneficios, esos beneficios se denominan el "producto". Este producto es parte de su llegada a la "madurez". Entonces se "cosecha" el producto.

La relación es igual de fuerte en el antiguo hebreo. En una de las ordenanzas del *Shemitá* está escrito:

> Y si dijereis: ¿Qué comeremos el séptimo año? He aquí no hemos de sembrar, ni hemos de recoger nuestros *frutos*.
> —Levítico 25:20, énfasis del autor

Tras la palabra frutos está la palabra hebrea *tebuá. Tebuá* puede traducirse como "frutos" y "producto", pero también como "beneficio", "ingresos" y "ganancia".

Aquí, al igual que antes, encontramos la relación del *Shemitá* con el ámbito económico. El *Shemitá* influencia las bendiciones materiales de una nación, aquello que constituye su prosperidad, su productividad y su sostén. En las naciones modernas, eso se traduce en los ámbitos económico y financiero. Por tanto, si el *Shemitá* hubiera de operar en el mundo moderno, esperaríamos que estuviese especialmente vinculado con esos mismos ámbitos. Y ya que la naturaleza del *Shemitá* es producir cese, esto se traduciría en un colapso económico financiero.

El *Shemitá* como señal profética

Pero ¿puede llegar aún más lejos la manifestación del *Shemitá*? ¿Puede extenderse más allá del ámbito económico? ¿Puede manifestarse en otras formas de cese, desplome o incluso destrucción? La respuesta se encuentra en el relato de 2 Crónicas con respecto a la calamidad que cayó sobre la tierra en el año 586 a. C. Según el relato, la invasión babilonia de la tierra, la quema de Jerusalén, el exilio del pueblo de la tierra, son todos ellos parte de la manifestación del *Shemitá*.

Esto presenta una discordante fusión. Por una parte está el *Shemitá*, una observancia religiosa de reposo, el año de reposo. Por otra parte está un cataclismo nacional que prende fuego a una ciudad y barre por completo todo un reino. La una se trata de liberar; la otra: una nación llevada por la fuerza a la cautividad y el exilio.

¿Cómo se vinculan estas dos realidades discordantes? La respuesta es que no van juntas. Son una y la misma. Según el relato, lo que cayó sobre la tierra de Israel en el 586 a. C. no sólo estaba relacionado con el *Shemitá*; era el *Shemitá*.

> Porque todo el tiempo de su asolamiento reposó…
> —2 Crónicas 36:21

La destrucción era el *Shemitá*. Todos los *Shemitás* que no habían sido guardados ni cumplidos durante el pasado de Israel ahora regresaban para encontrar su cumplimiento. Los setenta años de juicio *eran* los setenta *Shemitás* no guardados del pasado de Israel. El *Shemitá* había regresado en una forma alterada; se había transformado, y ahora operaba mediante el conflicto y la guerra, las alianzas políticas, la deportación y el exilio de todo un pueblo, y las incontables variables de acciones humanas, reacciones e interacciones.

El *Shemitá* y los dos imperios

El *Shemitá* estaba detrás de la marcha de los ejércitos babilonios a la Tierra Prometida, la destrucción del templo, la expulsión del pueblo de la tierra y sus años en el exilio. Operó a escala épica, rebasando las fronteras del antiguo Israel e implicando a pueblos, naciones e imperios extranjeros.

A fin de que la tierra reposara y guardara sus años de reposo perdidos, el pueblo judío tenía que ser expulsado de la tierra. Para que el pueblo judío fuese expulsado de la tierra, el imperio babilonio tenía que ascender al escenario mundial. A fin de que el imperio babilonio ascendiera, el imperio asirio tenía que caer.

Cuando la tierra cumpliera sus años de reposo, la cautividad de Babilonia podría llegar a su fin. Para que eso sucediera, otro imperio tenía que levantarse: el de Persia. Así, el imperio babilonio ascendió en la época en que debían comenzar los setenta años del *Shemitá*. Entonces, cuando los setenta años del *Shemitá* fueron completados, cayó, y lo hizo porque se levantó el imperio de Persia. Así, el imperio persa se levanta al mismo tiempo que los *Shemitás* están llegando a su fin. El misterio del *Shemitá* se convierte así en global, afectando el curso de naciones muy lejanas de Israel y causando el ascenso y la caída de potencias, reinos e imperios mundiales.

El *Shemitá* como un patrón

¿Implica siempre juicio el misterio del *Shemitá*? No necesariamente. Tampoco es una ecuación simplista mediante la cual cada manifestación puede ser claramente atribuida a un pecado particular. Y como hemos visto, la misma manifestación puede significar la caída de una potencia y el ascenso de otra.

El *Shemitá* forma un patrón subyacente y una dinámica que, dadas las circunstancias correctas, se manifestará de manera concreta. Sus manifestaciones pueden variar en forma, pero mostrarán características coherentes, operarán mediante una dinámica coherente y producirán repercusiones coherentes. Dada la circunstancia de una nación o civilización, dedicada desde su comienzo a la voluntad de Dios pero ahora alejada de esa voluntad, desafiando sus caminos y en guerra con la soberanía de Él, como sucedió con el antiguo Israel, el *Shemitá* se manifestará más abundantemente, más intensamente y más severamente en la dirección del juicio.

¿Cómo se vería hoy día el *Shemitá*?

Al comienzo de este capitulo planteé una pregunta en cuanto a cómo se vería el misterio del *Shemitá* si estuviera operando en el mundo moderno. Para responder ahora a esa pregunta, reunamos las piezas del rompecabezas.

La manifestación general

- El *Shemitá* declara la soberanía de Dios, su dominio y posesión sobre todas las cosas.

- Toca concretamente el ámbito de la prosperidad y el sostén de una nación.

- Se manifiesta como el año de reposo, y es distinto a los seis años que lo preceden.

- Da testimonio de que todas las bendiciones proceden de Dios.

- Humilla el orgullo del hombre.

- Deja al descubierto la total dependencia del hombre hacia Dios.

- Separa riqueza y posesiones del poseedor.

- Elimina lo que ha sido acumulado en los años anteriores.

- Equilibra el desbalance y borra cuentas.

- Causa cese, pausas, interrupciones y finales.

- Revela el vínculo entre el ámbito físico y material y el ámbito espiritual.

- Da testimonio contra el materialismo.

- Llama a la nación a alejarse de las búsquedas materiales y dirigirse a lo espiritual.

- Libera compromisos, vínculos y ataduras.

- Produce descanso, reposo.

- Llama a la nación a regresar a Dios.

La manifestación económica

- El *Shemitá* conlleva una conexión especial y tiene una consecuencia especial sobre el ámbito económico de una nación.

- Su efecto y sus repercusiones se extienden a los ámbitos del trabajo, la producción, el empleo, los beneficios, el consumo, el comercio y las finanzas.

- Causa que la producción cese o disminuya severamente.

- Causa que el trabajo cese o se vea grandemente reducido.

- Causa que el ámbito privado ceda cada vez más al ámbito público, y la propiedad privada esté cada vez más sujeta a las necesidades públicas.

- Causa que la compraventa, las transacciones de comercio, sufran grandes recortes.

- Va en progresión hasta su día cumbre, el día de Remisión, el 29 de Elul.

- Causa que las cuentas financieras de una nación sean transformadas, anuladas y eliminadas.

- Causa que el crédito no se pague y la deuda sea cancelada. El crédito y la deuda son eliminados.

- Actúa como un equilibrador económico y financiero, eliminando lo que se ha permitido que se vaya acumulando en los años anteriores, anulando el desbalance.

- Borra cuentas y causa liberación y remisión en los ámbitos económico y financiero.

La manifestación profética

El *Shemitá* es también una señal profética de juicio nacional…

- A una nación que ha rechazado la soberanía de Dios, una nación que ya no se considera "bajo Dios".

- A una nación que ha sacado a Dios de su cultura.

- A una nación que ha divorciado sus bendiciones de la mano de Dios.

- A una nación que busca el aumento y la prosperidad por encima de la justicia y de Dios.

- A una nación que busca bendición o placer material como un fin, por sí mismo.

- A una nación que antes conoció a Dios pero ahora le ha olvidado.

- A una nación que antes conocía los caminos de Dios, pero ahora los rechaza.

- A una nación que específicamente golpea las bendiciones, prosperidad y sostén de esa nación.

- Que da testimonio a esa nación de que todas sus bendiciones vienen de Dios, y que sin Él, esas bendiciones no pueden permanecer sino ser eliminadas.

- Que da testimonio contra el materialismo de esa nación.

- Que golpea el ámbito económico de la nación.

- Que elimina las cuentas financieras de la nación.

- Que humilla a la nación y derriba sus objetos de orgullo y gloria.

- Que separa riqueza y posesiones de esa nación.

- Que causa cese, pausas, interrupciones y finales.

- Que libera compromisos, vínculos y ataduras entre el pueblo de la nación.

- Que deja al desnudo la total dependencia de Dios de la nación.

- Que tiene la clave del momento específico del juicio nacional.

- Que dirige a la nación a separarse de lo mundano y lo material.

- Que llama a la nación a regresar a Dios.

La manifestación global

El *Shemitá*, en su manifestación de amplio alcance...

- Opera a escala épica y global, trascendiendo fronteras nacionales e implicando cada ámbito de la vida.

- Implica no sólo el ámbito económico y financiero, sino también el ámbito político, cultural, sociológico, militar, incluso el ámbito natural.

- Al influenciar directamente en los ámbitos financiero y económico, su desarrollo puede ser desencadenado o acompañado por eventos de ámbitos totalmente diferentes.

- Puede manifestarse en forma de un evento catastrófico.

- Puede eliminar no sólo cuentas financieras sino también realidades físicas: edificios, muros, torres y ciudades.

- Puede alterar el paisaje de naciones y potencias.

- Puede implicar e influir en el ascenso y la caída de grandes potencias y determinar el curso de imperios.

- - - - - - - - - - - - - -

Ahora hemos identificado las dinámicas y la naturaleza del *Shemitá* como patrón y esquema, al igual que como señal de juicio nacional. Pero permanece una pregunta. En tiempos antiguos, el punto focal del *Shemitá* era la nación y la tierra de Israel. Si el *Shemitá* hubiera de manifestarse en el mundo moderno, ¿en qué escenario operaría? ¿Dónde se desarrollaría?

Para responder esa pregunta, necesitaremos una pista más...

Capítulo 7

CUARTA CLAVE: EL ISRAEL SECRETO

Después del año 586 a. C.

E N SU CONTEXTO primero y original, el *Shemitá* está relacionado con Israel. Es la única nación a la que se ordena observarlo. Y como hemos visto, se sigue guardando, en diversos grados, por los practicantes de esa nación. Pero aquí no estamos hablando del *Shemitá* como una observancia sino como una señal profética, particularmente como una advertencia o manifestación de juicio nacional.

Tal señal profética podría ser dada a cualquier nación

mientras esa nación de alguna manera encajase en la descripción
o compartiese los atributos de la antigua Israel en el año 586
a. C. En otras palabras, tendría que ser:

• Una nación que justificase una advertencia profética o manifestación de juicio, una nación que
  desafiase los caminos de Dios.

Esta descripción podría, en diversos grados, encajar en muchas de las naciones del mundo, ya sean religiosas o seculares,
hindúes, musulmanas, cristianas o comunistas. Estrechemos
esto aún más con una descripción más concreta:

• Una nación que antes había conocido a Dios, pero
  ahora se haya alejado de Él y haya rechazado sus
  caminos.

Esta descripción podría encajar en varias de las naciones
del mundo occidental, anteriormente consideradas "cristianas"
pero ahora en su mayor parte poscristianas.

Vamos a estrecharlo aún más:

• Una civilización establecida sobre la Palabra de
  Dios, dedicada a los propósitos de Él y consa-
  grada a su gloria desde su comienzo mismo.

Ahora, el campo de candidatos se ve muy reducido. Se
puede argumentar que solamente dos civilizaciones en la historia humana fueron establecidas, dedicadas y consagradas a
la voluntad, la palabra, los propósitos y la gloria de Dios desde
el momento de sus inicios. La primera fue Israel, y la segunda
fue Estados Unidos.

La civilización estadounidense fue establecida y dedicada en
Cape Henry, Plymouth, y en Massachusetts Bay para los propósitos de Dios.

La Israel del nuevo mundo

Pero vamos a estrecharlo aún más:

* Una civilización establecida específicamente según el patrón de la antigua Israel.

A la mayoría le resultaría sorprendente saber que Estados Unidos fue fundado y formado de modo consciente, intencional y concreto según el patrón de la antigua Israel. Sus fundadores lo consideraban una nueva Israel, la Israel del nuevo mundo. Su éxodo desde Europa fue como el éxodo hebreo desde Egipto. El nuevo mundo era su tierra prometida, y la colonia de Massachusetts Bay era su nueva Jerusalén.

En cuanto al sistema legal del territorio autónomo estadounidense, los puritanos buscaron incorporar la ley de Moisés. Instituyeron un día de reposo según el patrón del día de reposo hebreo. Y la fiesta estadounidense, Acción de Gracias, se formó según el patrón de la fiesta hebrea de Sucot: la fiesta de los Tabernáculos.

Pusieron nombres a los montes de Estados Unidos siguiendo los nombres de los montes de Israel: monte Galaad, monte Hermón, monte Efraín, monte Moriá, monte Carmelo y monte Sión. Llamaron a sus ciudades y pueblos Jericó, Jordán, Salem, Canaán, Gosén, Hebrón y Beerseba. Pusieron a sus hijos los nombres de Josué, Raquel, Esdras, Zacarías, Ester, Jeremías, y muchos otros nombres derivados del pueblo de la antigua Israel.

Incluso enseñaban hebreo en sus escuelas y universidades. En el sello de la Universidad de Yale aparecen las palabras hebreas del pectoral del sumo sacerdote. En el sello de la Universidad de Columbia aparece el antiguo nombre hebreo para Dios. Y en el sello de la Universidad de Dartmouth aparecen las palabras hebreas que se traducen como "el Dios todopoderoso". El vínculo de Estados Unidos con la antigua Israel ha subrayado su identidad nacional, de una forma u otra, consciente o inconscientemente, desde el momento de su creación en adelante. Es claramente evidente en el momento de la independencia americana cuando Benjamín Franklin propuso que el Gran Sello de la nueva nación tuviera la imagen de Moisés dividiendo las aguas del mar Rojo, mientras que Thomas Jefferson propuso que fuese el de los israelitas viajando por el desierto.[1]

La conexión es única, profunda e intrínseca. El patrón de la antigua Israel está grabado en el ADN de la civilización estadounidense. Está en la raíz de la cual surgió Estados Unidos. Un observador escribió lo siguiente:

> Ninguna comunidad cristiana en la historia se identificó más con el pueblo del Libro de lo que lo hicieron los primeros colonos de la colonia de Massachusetts Bay, quienes creían que sus propias vidas eran una repetición literal del drama bíblico de la nación hebrea.[2]

No hay nación alguna en el mundo moderno que esté tan profundamente vinculada con la antigua Israel como Estados Unidos. Por tanto, no hay escenario ni plataforma alguna en la tierra que sea tan apropiada para la manifestación del misterio del *Shemitá* como lo es Estados Unidos. ¿Es necesaria la conexión con Israel para que se manifieste el misterio? No. Podría manifestarse en cualquier nación, al igual que Dios podría enviar una advertencia de juicio nacional a cualquier nación. No es necesaria ninguna conexión singular con la antigua Israel para que Estados Unidos reciba una señal bíblica de juicio nacional. Pero el hecho de que Estados Unidos sí tiene una conexión tan profunda con la antigua Israel hace que sea aún más sorprendente y adecuado que las mismas señales utilizadas para advertir a Israel de juicio se usen para advertir a Estados Unidos.

La caída de la antigua Israel

Pero sigue faltando un factor clave: ¿por qué la señal del *Shemitá*, un antiguo augurio de juicio, sería dada a Estados Unidos en un principio? La respuesta está en una metamorfosis que comenzó miles de años antes de que naciera Estados Unidos.

Israel era única entre las naciones del mundo antiguo. Ninguna nación había comenzado nunca a existir con una conexión tan directa con los propósitos y las promesas de Dios. A ninguna nación se le había dado nunca una revelación divina como la que le fue dada a Israel en el monte Sinaí. Ninguna nación había visto nunca la mano de Dios influenciando tan directamente su curso como lo vio Israel. Y ninguna nación se había unido jamás a Dios en un pacto nacional.

Pero en la cumbre de sus bendiciones comenzó una metamorfosis. La nación comenzó a alejarse del Dios de su fundación. El cambio fue sutil al principio pero, con el tiempo, se fue haciendo cada vez más manifiesto y descarado. Ya fuese por intención consciente o por abandono inconsciente, el pueblo comenzó a dejar fuera de sus vidas a Dios, a dejarle fuera de su cultura, fuera de su gobierno y fuera de la enseñanza de sus hijos. En lugar de Él incorporaron ídolos y dioses ajenos, y en lugar de sus caminos siguieron los caminos de las naciones paganas que les rodeaban.

Ellos redefinieron lo que estaba bien y mal. Crearon una nueva moralidad para sustituir a la antigua. Llamaron al mal "bien", y al bien "mal". Lo que antes habían celebrado ahora lo condenaban, y lo que antes adoraban ahora lo rechazaban. Por otro lado, lo que antes habían condenado ahora lo celebraban, y lo que antes habían rechazado ahora lo adoraban. Cada vez se fueron volviendo más carnales, materialistas, inmorales sexualmente y autoindulgentes, y su cultura, de la misma manera, cada vez fue más ruda y vulgar. Y entonces, como hacían las naciones que les rodeaban, comenzaron a levantar a sus hijos como sacrificios sobre los altares de sus nuevos dioses.

En cuanto a las personas que había en medio de ellos y que se negaron a seguir la corriente de su apostasía moral y espiritual, quienes permanecieron fieles a Dios y a sus caminos, se vieron marginados, burlados, vilipendiados, y finalmente perseguidos. La nación que había sido llevada a existencia para ser un canal de los propósitos de Dios, ahora se había transformado precisamente en lo contrario: una civilización enfocada en sí misma, en guerra contra sus propios fundamentos, y en guerra con Dios.

Este es el ambiente y el escenario, la nación a la cual son enviadas las advertencias, las señales, los presagios y las manifestaciones de juicio nacional, una de las cuales es la señal del *Shemitá*.

La caída de la segunda Israel

¿Y qué de Estados Unidos? ¿Qué le sucedió a la civilización unida de manera tan única desde su fundamento a la antigua Israel?

Los fundadores de Estados Unidos profetizaron que mientras la nueva civilización siguiera los caminos de Dios, sería bendecida con las bendiciones dadas a Israel. Y lo que ellos predijeron se hizo realidad. Estados Unidos se convirtió en la nación más bendecida de la tierra. En el siglo XX se había convertido en la nación más próspera, más segura, más respetada y más poderosa de la tierra.

Pero en el pináculo de su poder y en las alturas de su prosperidad relativa con respecto al resto del mundo, comenzó una metamorfosis. La "Israel del nuevo mundo" repetiría la apostasía y la caída de la Israel del mundo antiguo. Estados Unidos comenzó una progresión que terminaría con el alejamiento de la nación del Dios de su fundación.

La metamorfosis fue sutil al principio pero, con el tiempo,

se hizo cada vez más manifiesta y descarada. Tal como hizo la antigua Israel, ahora Estados Unidos comenzó a quitar a Dios de su vida nacional, de su cultura, de su gobierno y de sus plazas públicas. Prohibió la oración y la lectura de las Escrituras en la educación de sus hijos. El sistema escolar que había llegado existir con el propósito de enseñar la Palabra de Dios, ahora trataba esa Palabra como contrabando. Y cuando Estados Unidos eliminó la presencia de Dios de su vida nacional y de su cultura, llenó el vacío con ídolos y dioses formados con sus deseos.

Al igual que hizo la antigua Israel, Estados Unidos progresivamente redefinió lo que era correcto e incorrecto, adoptando una nueva moralidad para sustituir a la antigua. Ahora llamaba al mal "bien" y al bien "mal". Lo que antes había celebrado ahora lo condenaba, y lo que antes había adorado ahora lo rechazaba. Y por otro lado, lo que antes había condenado ahora lo celebraba, y lo que antes había rechazado ahora lo adoraba. La cultura estadounidense se fue haciendo cada vez más carnal, materialista, ruda, vulgar y autoindulgente.

En lugar de ser "una luz para el mundo" como sus fundadores habían imaginado, Estados Unidos ahora estaba saturando el mundo de pornografía. Y mientras que Israel había asesinado a miles de sus hijos sobre los altares de sus nuevos dioses, Estados Unidos asesinó no a miles, sino a millones de sus hijos no nacidos sobre los altares de sus placeres y su conveniencia. Sus manos colectivas estaban cubiertas de sangre.

En cuanto a quienes en Estados Unidos se negaron a seguir la corriente de su apostasía moral y espiritual, que permanecieron fieles a Dios y a sus caminos, fueron cada vez más marginados en la nueva cultura apóstata de la nación, burlados en sus medios de comunicación, vilipendiados en su discurso público, y cada vez en mayor peligro de persecución.

Estados Unidos, que llegó a existir y fue dedicada por sus fundadores para ser un canal de los propósitos de Dios, ahora se había transformado precisamente en lo contrario: una civilización enfocada en sí misma, en guerra contra sus propios fundamentos y en guerra con Dios.

Quienes fundaron Estados Unidos no sólo predijeron sus futuras bendiciones, sino que también dieron una advertencia. Fue esta: si Estados Unidos se alejaba alguna vez de Dios, entonces los mismos juicios que cayeron sobre la antigua Israel caerían sobre Estados Unidos.[3] La aparición de los mismos presagios en Estados Unidos que antes habían aparecido en los últimos días de la antigua de Israel encaja en sus profecías.

El *Shemitá* y las naciones

Por tanto, ahora tenemos la clave que faltaba: una civilización vinculada de modo único con el patrón de la antigua Israel pero que ahora experimenta la misma apostasía que llevó a la antigua nación al juicio y la destrucción, una nación que antes había conocido a Dios pero que ahora no sólo se había *alejado* de Él, sino que también se había puesto *contra* Él. Fue este escenario el que, en tiempos antiguos, atrajo el juicio del *Shemitá*.

Añadido a esto está el lugar que ocupa Estados Unidos entre las naciones. En tiempos modernos, Estados Unidos ha ocupado la escena central de la historia mundial como la mayor potencia económica, financiera, militar, política y cultural de la tierra. Solamente eso le daría un lugar central en el misterio.

Por otro lado, aunque Estados Unidos es central para el misterio, no está sola en el misterio. El asunto del juicio y de los juicios específicos revelados en este libro concierne a todas las naciones y pueblos, por varias razones:

- En primer lugar, debido a su centralidad, lo que sucede en Estados Unidos afecta al resto del mundo.

• En segundo lugar, los pecados e inmoralidades que se hacen eco de los pecados de la antigua Israel son compartidos por muchas naciones más allá de las costas estadounidenses.

• En tercer lugar, el escenario general para el juicio de Israel, una civilización que antes había conocido los caminos de Dios pero que ahora desafía a Dios y sus caminos, es compartido por otras naciones además de Estados Unidos.

• En cuarto lugar, aunque el *Shemitá* pueda enfocarse en naciones específicas, sus efectos son más amplios y trascienden la geografía y las fronteras de las naciones

— — — — — — — — — —

Ahora tenemos el escenario. El misterio tocará Estados Unidos, pero su efecto no estará limitado a Estados Unidos. Sus consecuencias y repercusiones tocarán al mundo entero. Al haber situado el lugar del misterio, es necesaria una última pista para revelar el momento.

Capítulo 8

QUINTA CLAVE: LA CONEXIÓN TISHRI

El más santo de los meses

EL MÁS SANTO de los meses en el calendario bíblico hebreo es el de *Tishri*. En el calendario occidental, *Tishri* cae en el periodo entre septiembre y octubre. Es un mes tan sagrado, que diez de sus días son conocidos como "los días muy santos". Cada mes hebreo comienza con el día o la noche de la luna nueva; pero el mes de *Tishri* es tan sagrado, que en el día que comienza, su luna nueva es en sí misma un día muy santo. La mayoría de meses hebreos no contienen ninguno de los sagrados días santos designados y dados en el Sinaí; pero *Tishri* contiene diez de ellos, sin incluir al menos otros nueve días que también son considerados santos.

Mes hebreo de Tishri

Mes séptimo del calendario sagrado:
mes primero del calendario civil

Fiesta de las trompetas	Días de reverencia	Días de reverencia	Días de reverencia	Días de reverencia	Días de reverencia	Días de reverencia	Días de reverencia	Días de reverencia	Yom Kippur					Sucot	Sucot	Sucot	Sucot	Sucot	Sucot	Sucot	Shemini Atzeret							
1	2	3	4	5	6	7	8	9	10	11	12	13	14	15	16	17	18	19	20	21	22	23	24	25	26	27	28	30

Por tanto, no hay ningún mes en el año bíblico como *Tishri*. ¿Cuáles son sus temas, su significado y su mensaje?

El tiempo del juicio

Los rabinos veían *Tishri* y los días más santos del otoño como enfocándose en la condición de rey de Dios, su gobierno, su poder, su soberanía y su dominio. El sonido de los shofar durante la fiesta de las Trompetas era, entre otras cosas, la proclamación del Señor como Rey y Soberano sobre el mundo, sobre la nación y sobre las vidas de su pueblo.

El mes de *Tishri* es también conocido como el tiempo del juicio. Su primer día, la fiesta de las Trompetas, también es conocido como *Yom Ha Din*, o "el día del Juicio". Durante la fiesta de las Trompetas se hacen sonar los shofar. El sonido del shofar no es solamente el de una convocatoria solemne, sino que también es el sonido de alarma y advertencia, el presagio de un peligro que se acerca, la advertencia de un juicio inminente. *Tishri* es el mes del reconocimiento, cuando la nación está delante de Dios y cuando se trata el pecado.

El tiempo de Teshuvá

En vista del juicio relacionado con su llegada, *Tishri* se ha convertido en el mes del arrepentimiento. Los "Diez días de reverencia" con los cuales comienza el mes también se denominan "los días de Teshuvá". *Teshuvá* es la palabra hebrea para arrepentimiento. Viene de la raíz *shuv*, que significa "cambiar". Los días de reverencia fueron dados con el propósito de cambiar el curso de la vida de la persona, perdonar y ser perdonado, arrepentirse de los pecados, alejarse de los caminos mundanos, y hacer lo que fuese necesario para estar a cuentas con el hombre y con Dios.

La conexión *Shemitá*-Tishri

Los temas de *Tishri* encajan con los temas del *Shemitá*. Ambos hablan de la soberanía de Dios; ambos están ligados al juicio; ambos llaman a la nación a regresar a Dios; ambos están vinculados con la anulación, cancelación y liberación: uno con respecto al pecado y el otro con respecto a la deuda. El *Shemitá* es el año séptimo. *Tishri* es el mes séptimo.

El principio y el fin

La antigua Israel medía el tiempo según dos calendarios diferentes: el calendario sagrado y el calendario civil. El calendario sagrado comenzaba en la primavera, en el mes de Nisán. En el calendario sagrado, *Tishri* es el mes séptimo; pero en el calendario civil, *Tishri* es el mes primero, el comienzo del Año Nuevo. ¿Por qué es esto significativo?

Elul y Tishri

Elul: mes sexto del año sagrado

ELUL												TISHRI									
Días de arrepentimiento	Días de arrepentimiento	Días de arrepentimiento	Días de arrepentimiento	Días de arrepentimiento	Días de arrepentimiento	Días de arrepentimiento	Días de arrepentimiento	Días de arrepentimiento	Días de arrepentimiento	Días de arrepentimiento	Días de arrepentimiento	Fiesta de las Trompetas	Días de reverencia	Días de reverencia	Días de reverencia	Días de reverencia	Días de reverencia	Días de reverencia	Días de reverencia	Días de reverencia	Yom Kippur
18	19	20	21	22	23	24	25	26	27	28	29	1	2	3	4	5	6	7	8	9	10

El *Shemitá* estaba basado en el calendario civil; por tanto, el año del *Shemitá* siempre comenzaba con el mes de *Tishri*, específicamente siempre comenzaba con el primer día de *Tishri*, que era también la fiesta de las Trompetas. Un año después terminaba el *Shemitá*: a la puesta de sol del día 29 de Elul. Pero la misma puesta de sol que ponía fin al día 29 de Elul también comenzaba el mes de *Tishri* en el mismo momento. Por tanto, el año *Shemitá* termina en el mismo momento en que empieza *Tishri*.

Así, *Tishri* es el mes clave y fundamental del *Shemitá*. El *Shemitá* comienza con *Tishri* al final del sexto año y concluye con *Tishri* al final del séptimo año. *Tishri* es el comienzo y el fin del *Shemitá*.

La clave Tishri (y Elul)

El mayor impacto del *Shemitá* se manifiesta en dos momentos: su comienzo y su clausura. Cada momento coincide con el mes de *Tishri*.

El primer punto de impacto del *Shemitá* cae en el primer día de *Tishri* al comienzo del año séptimo. El segundo punto de impacto del *Shemitá* cae al final del año séptimo cuando todas las deudas y créditos son cancelados. Pero el final exacto del año séptimo llega en la caída de la noche del 29 de Elul. Por tanto, en el momento en que el sol se pone, todas las deudas y los créditos se reconocen como cancelados; el mes de Elul termina y comienza *Tishri*.

Así, el mes de Elul se desarrolla hasta los dos puntos de impacto críticos del *Shemitá* y contiene el día climático del *Shemitá*. Pero el mes de *Tishri*, que llega inmediatamente después de estos dos puntos críticos de cambio, manifiesta más claramente las repercusiones económicas y financieras del *Shemitá*.

Primer impacto: Tishri y el comienzo del *Shemitá*

Tishri y el comienzo del Shemitá

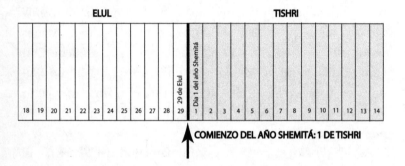

El comienzo del *Shemitá* es menos dramático que su fin, ya que el cambio inicial es simplemente de cese. El pueblo deja de trabajar la tierra y los campos son abandonados. El efecto de esto en la tierra sería menos notable al comienzo, pero cada vez más notable a medida que progresaba el año, y cuando no aparecía ninguna cosecha en los campos.

En términos puramente económicos, esto se traduciría en el comienzo de un declive en la economía de la nación: la disminución de la producción, el consumo, el empleo, el trabajo y el comercio. El mes de *Tishri* al comienzo del año del *Shemitá* sería el primero en reflejar este cambio y manifestar sus repercusiones. El giro descendente en el ámbito económico de la nación se haría entonces más evidente con el paso del tiempo.

Último impacto:
Tishri y el final climático del Shemitá

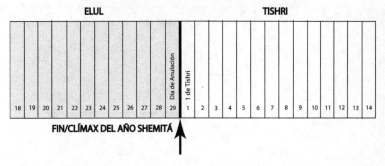

Cuando el sol se pone el 29 de Elul, todas las deudas de la nación son canceladas cuando sus cuentas financieras son eliminadas. El mismo momento marca el comienzo de *Tishri*. Así, este mes en particular de *Tishri* que llega al final del año del *Shemitá* manifiesta de la manera más clara las repercusiones financieras de ese año y de ese día.

La estela del *Shemitá*: el periodo de repercusiones

Las repercusiones desencadenadas por el día de Remisión se verían de modo más dramático en los siguientes días de *Tishri*, pero no estarían limitadas a ellos. Las repercusiones seguirían hasta el siguiente mes de Heshvan y en adelante. Todo el periodo del otoño al final del año séptimo es la estela del *Shemitá*, cuando estas repercusiones se sentirían de manera más intensa.

Estela del *Shemitá*

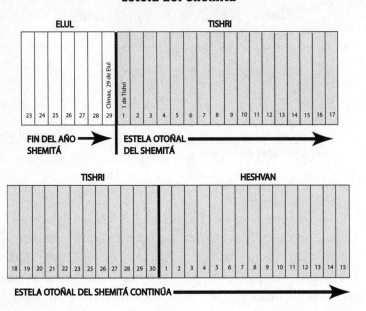

Además de esto, no hay nada que limite las repercusiones solamente a un periodo. Puede que continúen hasta el invierno, la siguiente primavera y en adelante. Pero el otoño siguiente a la dramática conclusión del *Shemitá*, al estar más cerca del día de Remisión, sería el principal en manifestar estas repercusiones, y dentro de esto, *Tishri* sería el principal.

Elul: el mes introductorio

También debemos tomar nota del mes de Elul. Elul desempeña un importante papel también en el *Shemitá*. Al final del año sexto, Elul conduce al comienzo del *Shemitá*. Y al final del año séptimo, Elul conduce al dramático final del *Shemitá*: el 29 de Elul. *Tishri* sigue siendo el mes clave del *Shemitá*, pero Elul desempeña un papel de apoyo como mes introductorio.

-- -- -- -- -- -- --

La cancelación en masa de las cuentas financieras de una nación se traduciría en un desplome en el ámbito financiero. Así, si el misterio del *Shemitá* sigue estando vigente, podríamos esperar que exista una conexión entre el mes hebreo de *Tishri* y un desplome en el ámbito financiero, como en la de un colapso en la Bolsa de Valores.

¿Podría existir tal conexión? ¿Podría un misterio de antaño, de más de tres mil años, estar operando en tiempos modernos e incluso ordenando el destino de los mercados financieros mundiales?

Al haber encontrado ya las cinco claves, comencemos a desentrañar el ancestral misterio.

PARTE III

EL MISTERIO DEL *SHEMITÁ* Y LA CLAVE DE LOS CATACLISMOS

Capítulo 9

LAS HUELLAS DEL MISTERIO

El profeta en el campo

DOS HOMBRES ESTÁN de pie en medio de una vasta extensión de terreno agrícola. El viento mueve los tallos del trigo, provocando un continuo patrón cambiante de luces y sombras. Uno de los dos, un hombre llamado Nouriel, está buscando respuestas para resolver un ancestral misterio. El otro, vestido con un largo abrigo oscuro, conocido solamente como "el profeta", está buscando ayudarle a hacer eso.

El profeta comienza a compartir con Nouriel sobre la antigua observancia llamada el *Shemitá*.

La escena que acabo de describir esta sacada de *El presagio*. Durante este intercambio, Nouriel le hace al profeta una pregunta que alude a un segundo misterio. La mayoría de personas que leyeron este intercambio, o bien pasaron por alto lo que se estaba diciendo, o las implicaciones de lo que se estaba diciendo. Era fácil pasarlo por alto, ya que el intercambio duró tan sólo unas líneas:

> "¿Hasta dónde llega el ciclo cada séptimo año en el pasado… y hasta el futuro?", pregunté yo.
>
> "Ese tema es para otro momento", dijo él. "El punto ahora es el *Shemitá* como una señal de juicio".[1]

El profeta acababa de hablar a Nouriel de la reaparición del misterio de antaño en tiempos modernos, una reaparición ligada a los años 2001 y 2008 y a los nueve presagios de juicio. Nouriel entonces pregunta al profeta si el misterio y sus manifestaciones se extendieron en el tiempo pasado o si llegan hasta el futuro. He incluido este intercambio de las páginas de *El presagio* para notar que había otro ámbito completo en el misterio, pero era demasiado para incluirlo en esa conversación. El profeta responde a Nouriel: "Ese tema es para otro momento". *Ese momento es ahora.*

Observancias contra señales proféticas

¿Es posible que el misterio del *Shemitá* haya estado operando en el mundo moderno desde antes del tiempo de los presagios? ¿Es posible que haya estado afectando el curso de naciones y de la historia mundial, y que subyazca tras algunos de los eventos más fundamentales de los tiempos modernos?

Para responder a eso, debemos distinguir entre la *observancia* del *Shemitá* y el *Shemitá* como una *señal profética*.

Solamente Israel estaba obligado a guardar el *Shemitá como una observancia*. Como una observancia, el *Shemitá* se aplica a una nación; pero como una señal profética, puede aplicarse a cualquier nación. Como una observancia, el *Shemitá* llega regularmente, cada séptimo año. Pero como señal, no está vinculado a ningún calendario o regularidad. Pero cuando sí aparece, manifestará la esencia del *Shemitá*, su efecto y misterio, en forma de una señal.

Identificar las huellas del *Shemitá*

El *Shemitá* afecta y opera más directamente en el ámbito económico y financiero de una nación. Por tanto, si el misterio sigue estando en vigencia, debería manifestarse en estos dos ámbitos; así, debemos comenzar nuestra búsqueda mirando los ámbitos económico y financiero del mundo y de las naciones modernas, y específicamente en el ámbito de las crisis financieras y económicas, recesiones, depresiones, desplomes de la Bolsa de Valores y colapsos.

Ya que no estamos hablando del mandamiento, la observancia y las regulaciones del *Shemitá*, sino más bien de las señales proféticas, no esperaríamos que la manifestación ocurriera necesariamente de modo regular, cada siete años. Esperaríamos más bien que no fuera un fenómeno regular sino un fenómeno único. No esperaríamos que la relación sea de una fórmula o simplista; tampoco esperaríamos que cada declive económico debiera de estar conectado con el fenómeno. Pero veremos las desaceleraciones económicas, recesiones y depresiones de los tiempos modernos, y veremos si manifiestan las huellas del misterio de antaño.

Tierra de apostasía

En el caso de la destrucción de Jerusalén en el 586 a. C., el *Shemitá* aparece como una señal profética contra una nación que está en apostasía moral y espiritual de Dios. Esto nos señalaría hacia naciones y culturas que se están apartando de sus fundamentos bíblicos. Hemos visto que Estados Unidos tiene una relación singular y única con la antigua Israel, siendo formada y establecida según su patrón. Por tanto, mientras vemos el cuadro global, y las naciones, prestaremos especial atención a Estados Unidos.

Tomaremos nota de que el *Shemitá* está ligado no sólo al juicio nacional sino también a la bendición nacional. La señal puede que aparezca en el momento en que una nación asciende al poder; y sin embargo, si esa misma nación se aparta de Dios y de los fundamentos sobre los cuales fue establecida, esperaríamos que la señal del *Shemitá* aparezca cada vez más como una advertencia de juicio.

Las indicaciones

Ahora veremos si podría existir alguna relación entre las ocasiones de desplomes financieros y económicos en el mundo moderno y…

- Un ciclo de siete años.

- El ciclo específico de siete años del *Shemitá* bíblico.

- El año séptimo del ciclo de siete años específico.

- El mes hebreo de *Tishri*

- Desplomes financieros o económicos y el mes hebreo de *Tishri* confluyendo con el año del *Shemitá*.

- La estela del otoño que sella el final del año séptimo.

- El mes hebreo de *Tishri* en convergencia con el año del *Shemitá*.

- El mes hebreo de *Tishri* en convergencia con el *final* climático del año del *Shemitá*.

- El mes hebreo de Elul, o la proximidad con su punto de máximo impacto.

- El mes hebreo de Heshvan, que comienza donde termina *Tishri*.

Utilizando estas llaves, ahora abriremos la trastienda de la historia mundial. Veremos los mayores desplomes económicos y financieros de los tiempos modernos. Y veremos si aparecen las huellas del misterio de antaño.

Capítulo 10

EL MISTERIO DE LOS SIETE DESPLOMES

Los grandes desplomes

¿QUÉ SUCEDE SI buscamos los mayores desplomes a largo plazo (contrariamente a los desplomes de un día) o colapsos en la historia de la Bolsa de Valores? Generalmente estarán relacionados con crisis y recesión económica. ¿Qué sucede si tomamos el antiguo misterio de la Biblia de cese económico y anulación financiera y lo situamos al lado de estos mayores desplomes?

Lo siguiente representa la mayoría de los mayores desplomes a largo plazo de las Bolsas de Valores en la historia, situados en orden de magnitud creciente.

El desplome de 2000-2001
El desplome del Punto-com y el 11 de septiembre

Este desplome de la Bolsa de Valores comenzó con el desplome conocido como "la burbuja punto-com" de 2000-2001. Después llegó el 11 de septiembre, que por primera vez paralizó Wall Street y entonces causó mayor deterioro. El desplome continuó hasta el año 2002. Cuando terminó, más del 37 por ciento de la Bolsa de Valores había quedado eliminado.

¿Podría haber alguna relación entre el desplome de 2000 y 2001 y el misterio de antaño? El *Shemitá* llega una vez cada siete años. Resulta que el primer *Shemitá* del nuevo milenio cayó en el periodo de 2000-2001, los años del desplome del punto-com, una recesión más profunda, el ataque del 11 de septiembre, y uno de los peores días de desplome de la Bolsa de Valores en la historia. El año del *Shemitá* tuvo lugar totalmente dentro del desplome general financiero y económico. Su coincidencia en el tiempo con el desplome de 2000-2001 es así del 100 por ciento.

El desplome de 1916-1917
Primera Guerra Mundial

También conocida como la "Crisis de 1916-1917", este desplome de la Bolsa de Valores tuvo lugar durante la Primera Guerra Mundial. Comenzó en noviembre de 1916, y alcanzó su punto más bajo un año después, en diciembre de 1917. Lo que le faltó al desplome de 1916-1917 en duración lo compensó con gravedad. Cuando finalizó, el 40 por ciento del mercado había quedado barrido.

¿Podría haber alguna relación entre el desplome de 1916-1917 y el misterio del Shemitá? Hubo un *Shemitá* en mitad de la Primera Guerra Mundial. Resulta que cayó en los años 1916-1917, el mismo periodo del desplome. El *Shemitá* comenzó en septiembre de 1916. Dos meses después de su comienzo, la Bolsa

de Valores se derrumbó. El *Shemitá* llegó a su culminación en septiembre de 1917 el día de Remisión. Tres meses después, el desplome terminó. El *Shemitá* coincidió con el desplome económico durante diez de sus doce meses: una coincidencia en el tiempo por encima del 80 por ciento.

El desplome de 1973
El desplome de múltiples crisis

Comenzó como una crisis de divisas y después se unió la crisis del petróleo de 1973 y otras crisis nacionales e internacionales. Cuando terminó, el 45 por ciento del mercado había quedado barrido. En los dos años desde 1972 hasta 1974 el crecimiento real del producto interior bruto (PIB) de la economía estadounidense disminuyó del siete por ciento hasta una contracción negativa del dos por ciento. Al mismo tiempo, la inflación aumentó desde un índice del tres por ciento en 1972 hasta el 12 por ciento en 1974. Las repercusiones del desplome en el Reino Unido fueron incluso más dramáticas, cuando la Bolsa de Londres perdió el 74 por ciento de su valor y no fue hasta 1987 cuando regresó a los mismos niveles en el mercado. Medido en términos reales, fueron necesarios para Estados Unidos veinte años para recuperar los niveles perdidos en este desplome.

¿*Podría haber alguna relación entre el desplome de 1973 y el misterio de antaño?* El *Shemitá* comenzó en la segunda parte de 1972, con la mayoría de su curso produciéndose en 1973. Cuatro meses después del comienzo del *Shemitá*, la Bolsa de Valores comenzó a derrumbarse. Una de las definiciones y consecuencias del *Shemitá* es que causa que la producción de la nación disminuya. El PIB representa el producto o producción doméstica de la nación. A medida que progresó el *Shemitá* de 1972-1973, la producción doméstica de la nación comenzó a caer. Al final del desplome había disminuido en un 70 por ciento. El *Shemitá* tuvo lugar simultáneamente con el desplome en el ámbito financiero durante ocho de sus doce meses: una coincidencia en el tiempo por encima del 66 por ciento.

El desplome de 1901-1903
La lucha de titanes

El desplome de 1901-1903 se produjo por las luchas de E. H. Harriman, Jacob Schiff y J. P. Morgan por obtener el control financiero del Northern Pacific Railroad. Causó tanto daño que la crisis resultante a veces se denomina "la depresión de 1901-1903". Cuando terminó, el 46 por ciento del mercado había sido eliminado.

En la mitad y las profundidades del desplome está el año del *Shemitá* bíblico, que comenzó en septiembre de 1902 y terminó el 21 de septiembre de 1903. Menos de dos meses después de su fin, el desplome llegó al final. Todo el curso del *Shemitá* tuvo lugar dentro del desplome: una coincidencia en el tiempo del 100 por ciento.

- - - - - - - - - - - - -

Los tres siguientes desplomes constituyen los mayores derrumbes a largo plazo de la Bolsa de Valores en la historia moderna.

El desplome de 1937-1938
La recesión de la Gran Depresión

El desplome de 1937-1938 se ha denominado "la recesión de la Gran Depresión". A principios de 1937 la economía estadounidense se había recuperado a niveles pre Depresión en las áreas de producción, salarios y beneficios. Pero en la primavera de 1937 la economía entró en una recesión, que continuó durante gran parte de 1938. Llevó de nuevo a la economía y a la Bolsa de Valores estadounidense a profundidades que no se habían visto desde los días de la Gran Depresión.

¿Hay alguna relación entre el desplome de 1937-1938 y el antiguo misterio del Shemitá? Los años 1937 y 1938 resulta que están en el mismo periodo de tiempo en el cual cae el *Shemitá.* El comienzo de la recesión económica se produjo en marzo de 1937 cuando se acercaba el *Shemitá.* El día del comienzo real del *Shemitá* fue el 6 de septiembre de 1937. El día después del comienzo del *Shemitá,* Wall Street se desplomó. Comenzando con este desplome y continuando durante los nueve meses siguientes, el empleo por manufactura de Estados Unidos cayó en un cuarto, su producción industrial en un tercio, la Bolsa de Valores cayó a la mitad, y los beneficios cayeron en más de tres tercios. Para junio de 1937, 4 millones de trabajadores perdieron sus empleos.

La caída de la Bolsa de Valores se sobrepuso en el tiempo con la primera mitad del año del *Shemitá.* Su profundo desplome comenzó el día después del comienzo de *Shemitá.* El *Shemitá* coincidió con el desplome financiero durante seis meses, o el 50 por ciento de su duración, y con el desplome económico durante nueve meses de su duración, o el 75 por ciento. El descenso económico extremo tuvo lugar totalmente dentro de los parámetros del *Shemitá.*

El desplome de 2007-2008
La Gran Recesión

El desplome de 2007-2008 es conocido como "la Gran Recesión", "la Crisis Financiera Global" y "la Segunda Gran Depresión". Fue la peor crisis financiera desde la Gran Depresión. Eliminó billones de dólares estadounidenses, amenazó con el desplome de varias instituciones financieras importantes, ayudó a desencadenar la crisis de deuda soberana europea, y lanzó una recesión global que perduró hasta 2009. Cuando terminó, más de la mitad de la Bolsa de Valores había quedado barrida.

¿Hay alguna relación del desplome de 2007-2008 con el misterio de antaño? La Bolsa de Valores había estado en un periodo de expansión continuado durante varios años, pero menos de treinta días antes del comienzo del *Shemitá* en septiembre de 2007, ese ímpetu comenzó a cambiar. La Bolsa de Valores comenzó a derrumbarse.

El *Shemitá* llegó a su clímax un año después en septiembre de 2008. El desplome llegó a su mayor intensidad el mismo mes. Sus repercusiones continuaron hasta la primavera del año siguiente. La remisión económica de antaño y el desplome de la Gran Recesión tuvieron lugar simultáneamente. La coincidencia en el tiempo del *Shemitá* y la Gran Recesión es del cien por ciento.

El desplome de 1930-1932
La Gran Depresión

El desplome continuado que comenzó en 1930 y duró hasta 1932 constituyó la peor crisis económica y financiera en la historia moderna: el núcleo de la Gran Depresión. Incluso después de los grandes desplomes de la Bolsa de Valores de 1929, había habido un giro ascendente. De hecho, a los seis meses de los desplomes iniciales, la Bolsa de Valores había regresado a niveles de principios de 1929. Pero en 1930 comenzó otra recesión, esta vez implicando un desplome del comercio global. Incluso con todo esto, el mercado finalmente se estabilizó, pero en abril de 1931 comenzó una recesión que llevaría al mundo a las profundidades de la Gran Depresión. Cuando terminó, en julio de 1932, la cantidad eliminada del mercado fue del 86 por ciento. Sería necesario llegar al año 1954 para que el mercado se recuperase hasta los niveles anteriores al desplome.

Los años 1930 y 1931 estuvieron marcados por varios eventos y desarrollos clave que darían entrada a las profundidades de la Gran Depresión. En 1930 hubo otro desplome de la Bolsa de Valores, al igual que la aprobación a mitad de junio de la ley Smoot-Hawley Tariff, que condujo a un desplome en el comercio global y un mayor descenso de la Bolsa de Valores. A finales de 1930 la economía mundial comenzó un deterioro profundo y continuado.

Y sin embargo, el año 1931 demostraría ser incluso más fundamental. Se ha denominado "el año que hizo grande a la Gran Depresión". En abril de 1931 comenzó un desplome mucho más largo y continuado, que llevó a Wall Street a sus niveles más bajos del siglo. El año 1931 fue también cuando comenzó una espiral de deflación, llevando a las economías estadounidense y del mundo a la parálisis.

¿Podría haber alguna relación entre la Gran Depresión y el misterio de antaño? Si no hubiera sido por lo que sucedió durante los años 1930 y 1931, la recuperación inicial podría haber continuado, evitando así "la Gran Depresión". Pero fue entonces cuando llegó el *Shemitá*. El *Shemitá* tuvo lugar en 1930-1931.

Más concretamente, el *Shemitá* comenzó a finales de 1930, el mismo momento en que la economía mundial comenzó su firme deterioro. En abril de 1931, el centro del año del *Shemitá*, la Bolsa de Valores comenzó un desplome a largo plazo que llevó a Wall Street a sus menores niveles del siglo XX y a las profundidades de la Gran Depresión.

El séptimo año alcanzó su clímax con la llegada de *Tishri*, el mes que manifiesta las repercusiones financieras del *Shemitá*. El 19 de septiembre de 1931 tuvo lugar un evento de proporciones sísmicas en el mundo financiero: el Imperio Británico tomó la decisión de descartar el oro como medida sobre la cual descansaba su divisa. La decisión dio como resultado un pánico mundial que desencadenó la mayor caída en porcentaje mensual en la historia de la Bolsa de Valores, y llevó a la nación y al mundo a las profundidades más bajas de la

Gran Depresión. ¿Cuándo se produjo este cataclismo global financiero? Tuvo lugar el día catorce de *Tishri*, el *Tishri* de una vez en siete años, el mes de las repercusiones financieras del *Shemitá*, su climática estela de otoño.

El antiguo *Shemitá* y la Gran Depresión se produjeron simultáneamente. El *Shemitá* cayó por completo dentro y en el núcleo de la Gran Depresión. Así, la coincidencia en el tiempo del *Shemitá* y la Gran Depresión es del cien por ciento.

El misterio de antaño tras los mayores desplomes de la historia moderna

Ya hemos visto la mayoría de los más grandes desplomes a largo plazo en la historia de la Bolsa de Valores y hemos descubierto algo increíble: la mayoría suceden de acuerdo con el momento del antiguo *Shemitá*. Y la relación no es mínima; más bien, la coincidencia promedio en el tiempo del *Shemitá* con el desplome de la Bolsa de Valores es del 85 por ciento.

Si alteramos los parámetros para incluir los mayores desplomes a largo plazo desde el momento de la Gran Depresión en adelante, los resultados son igual de sorprendentes. De ellos, más del 70 por ciento suceden de acuerdo al momento del *Shemitá*. De los cinco primeros de esos desplomes, el 80 por ciento de ellos tienen lugar según el momento del *Shemitá*. En cuanto a los dos primeros y principales desplomes, llega hasta el cien por ciento.

Hemos abierto el primer misterio, un misterio de dos realidades: los mayores desplomes de la Bolsa de Valores en tiempos modernos y una antigua ordenanza de la Escritura. Las dos realidades parecerían estar a mundos aparte. ¿Cómo es posible que pudieran estar unidas de alguna manera? Y sin embargo, están vinculadas, de manera extraña e inexplicable.

Ahora veremos los ciclos del mundo financiero moderno, las mayores alturas y los puntos de inflexión, y los ciclos del misterio de antaño.

Capítulo 11

LOS CICLOS DEL SINAÍ

Ciclos y puntos de inflexión

L AS MAYORES ALTURAS o picos de la Bolsa de Valores constituyen puntos de inflexión: el final de un periodo de expansión y el comienzo del declive. Un pico en el ámbito financiero, por definición, marcará el comienzo de un descenso o un desplome. Un importante descenso en la Bolsa de Valores con frecuencia estará relacionado con un desplome económico, ya sea como su augurio o como su efecto.

Si los ámbitos financiero y económico de la antigua Israel

pudieran dibujarse en un gráfico lineal, ¿cómo se verían? Con la llegada del *Shemitá*, se manifestarían como puntos de inflexión, muy parecidos a los que aparecen en los gráficos de la Bolsa de Valores. El año de reposo produciría, en efecto, un pico seguido por una línea descendente. La línea descendente representaría la productividad de la nación al igual que una "remisión" en su ámbito financiero.

¿Qué sucede si ahora vemos los mayores puntos de inflexión, los más altos apogeos en los últimos cuarenta años de la historia de la Bolsa de Valores, junto con los puntos de inflexión clave en el ámbito económico, las recesiones y los declives económicos de ese mismo periodo? ¿Qué revelarán?

Sin duda incluirán algunos de los mayores desplomes de los tiempos modernos, los cuales hemos visto en el capítulo anterior, pero mucho más. Presentarán un historial progresivo de las fortunas financieras y económicas de Estados Unidos y del mundo durante los últimos varios picos y desplomes en el orden en que se produjeron. Proporcionarán una vista clara y a gran escala del momento de cada punto de inflexión al igual que la relación de cada punto de inflexión con los otros.

Los datos relativos al ámbito financiero provendrán de la lista de los mayores puntos de inflexión de la Bolsa de Valores, sus mayores picos y mínimos de los últimos cuarenta años. ¿Surgirá algún patrón? ¿Y es posible que exista alguna relación con los ciclos de antaño ordenados en las arenas del Sinaí?

- - - - - - - - - - - - -

En los últimos cuarenta años ha habido cinco importantes picos y puntos de inflexión en la historia de la Bolsa de Valores.

Primer punto de inflexión: 1973

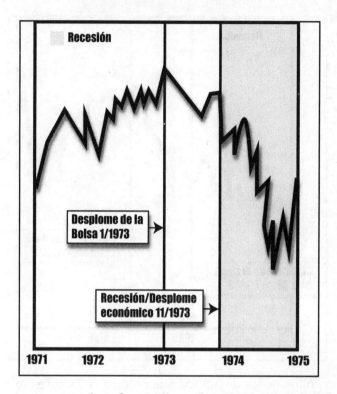

El primer punto de inflexión llega al comienzo de 1973. El 11 de enero, el Standard and Poor's (S&P) 500 alcanzó un pico de 120. El mercado entonces comenzó un largo descenso durante el resto del año y durante gran parte del año siguiente. Tocó fondo el 3 de octubre 1974, en un nivel de 62. La pérdida representó un 48 por ciento del valor del mercado. El desplome en el mundo financiero presagió y después se solapó a un desplome en el ámbito económico y una grave recesión global.

Segundo punto de inflexión: 1980

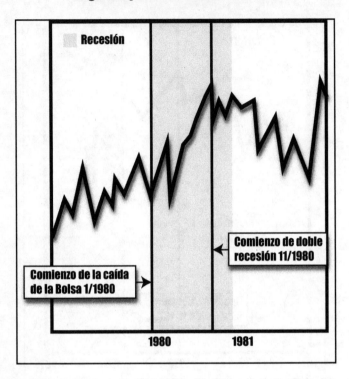

El segundo punto de inflexión se produjo el 28 noviembre de 1980, cuando el S&P 500 alcanzó un nivel de 140. Después de eso, llegó un largo descenso durante todo el año 1981, llegando a su punto bajo el 12 de agosto de 1982, en 102, habiendo perdido la Bolsa de Valores el 27 por ciento de su valor. Este desplome había sido precedido por uno anterior en 1980, cuando el Dow Jones Industrial cayó desde un nivel de 903 el 13 de febrero hasta 759 el 21 de abril.

Pero el punto de inflexión en el ámbito financiero sería precedido por otro en el ámbito económico en enero de 1980 cuando la economía entró en una severa recesión. Esto se ha denominado, por tanto, "recesión doble", y aunque más adelante habría una ligera recuperación, la economía volvió a su descenso en julio de 1981. En desplome afectó a gran parte del mundo desarrollado y fue testigo de los niveles más elevados de desempleo desde la Gran Depresión.

La crisis económica había comenzado incluso antes en 1979 cuando la revolución iraní desencadenó un repunte masivo en los precios del petróleo. El periodo desde 1979 hasta el comienzo de 1980 fue de estancamiento, una mayor inflación combinada con un declive en los resultados de crecimiento. Durante este periodo, el producto interior bruto de la nación (PIB) disminuyó desde el 5 por ciento hasta el 1,5 por ciento. Fue también el año 1979 el que vio el índice de inflación de la nación subir hasta cifras de dos dígitos.

Por tanto, aquí tenemos un grupo de puntos de inflexión. La crisis económica cristalizó en 1979, se convirtió en una recesión mundial en enero de 1980, y dio como resultado la caída de la Bolsa de Valores en noviembre de ese mismo año.

Tercer punto de inflexión: 1987

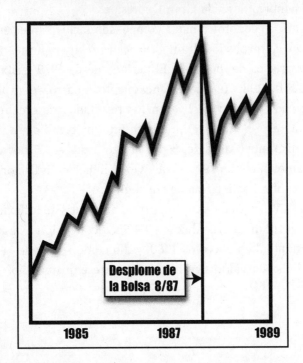

El tercer punto de inflexión llegó el 25 agosto 1987. Siguió a una explosión de siete meses en los precios de la Bolsa de Valores, que empezó a comienzos del año. A finales de agosto, el S&P 500 alcanzó un pico de 336 y después comenzó a descender. Ese desplome contenía, en octubre, el mayor desplome en porcentaje de la Bolsa de Valores en la historia de Estados Unidos, conocido como "lunes negro".

El descenso fue breve, llegando a su conclusión el 4 diciembre de 1987, en un punto bajo de 224. Su naturaleza breve y única evitó el desencadenamiento de una recesión; pero en su breve duración su influencia fue grave, causando que el mercado perdiera más de un 33 por ciento de su valor. Fueron necesarios dos años para recuperar los niveles perdidos en agosto de 1987. Se convirtió en uno de los desplomes más enigmáticos en la historia financiera. Sus causas siguen estando en debate hasta la fecha.

Cuarto punto de inflexión: 2000

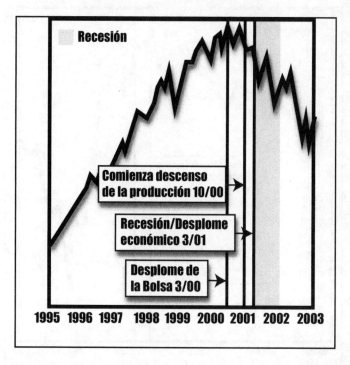

La Bolsa de Valores llegó a su cuarto apogeo más importante el 24 de marzo de 2000, alcanzando un nivel de 1.527. Su caída coincidió con la explosión de la burbuja punto com. Esto condujo a una recesión económica en marzo de 2001. La recesión continuó hasta noviembre de 2001. En medio de la recesión llegó el 11 de septiembre. El impacto de los eventos del 11 de septiembre causó uno de los desplomes más dramáticos en la historia de Wall Street y paralizó además el ámbito financiero de la nación. El mercado siguió un largo descenso hasta tocar fondo el 9 octubre 2002, habiendo perdido el 49 por ciento de su valor. En este caso, el desplome financiero precedió, superó y contenía el desplome económico.

Quinto punto de inflexión: 2007

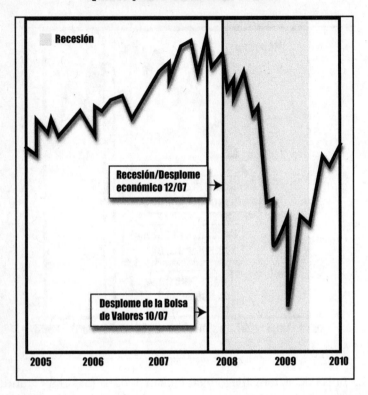

Recesión

Recesión/Desplome
económico 12/07

Desplome de la Bolsa
de Valores 10/07

2005   2006   2007   2008   2009   2010

El quinto punto de inflexión tuvo lugar el 9 de octubre de 2007,
cuando el S&P 500 llegó a los 1.565. La Bolsa de Valores entonces comenzó un dramático desplome de un año y medio.
Poco después del punto de inflexión financiero llegó el punto
de inflexión económico cuando la economía entró en recesión
en diciembre de 2007. En desplome financiero llegó a su punto
más bajo el 9 de marzo de 2009, en 676, habiendo perdido más
del 56 por ciento de su valor. Tres meses después, en junio de
2009, la recesión llegó a su fin. El periodo entre el apogeo y el
punto mínimo llegó a conocerse como "la Gran Recesión".

El misterio de los ciclos

Acabamos de ver los cinco principales picos en la historia de la Bolsa de Valores moderna, o los cinco principales puntos de inflexión y desplomes en el mundo financiero. ¿Hay algo sorprendente acerca del cuadro resultante?

¿Cuándo tienen lugar los mayores picos y puntos de inflexión clave de la historia moderna de la Bolsa de Valores?

- El primero tiene lugar en 1973.

- El segundo tiene lugar en 1980.

- El tercero tiene lugar en 1987.

- El cuarto tiene lugar en 2000.

- Y el quinto tiene lugar en 2007.

¿Cuál es la relación de un pico con el siguiente? La cuenta matemática es, desde luego, sencilla, pero por motivos de claridad aquí está:

- Primero y segundo picos y puntos de inflexión, de 1973 y 1980: un ciclo de siete años.

- El segundo y tercer picos, de 1980 y 1987: un ciclo de siete años.

- El cuarto y quinto picos, de 2000 y 2007: un ciclo de siete años.

El misterio del *Shemitá* ordena que tenga lugar una transformación económica y financiera en el año séptimo. Por tanto, estos dos ámbitos se ven alterados según un ciclo de siete años. Lo que vemos ahora en el ascenso y la caída de la Bolsa de Valores es que los cinco mayores picos o puntos de inflexión en la historia financiera moderna están relacionados con el pico precedente o el pico siguiente por un ciclo de siete años.

Desplomes de 1973, 1980 y 1987
Ciclos de siete años

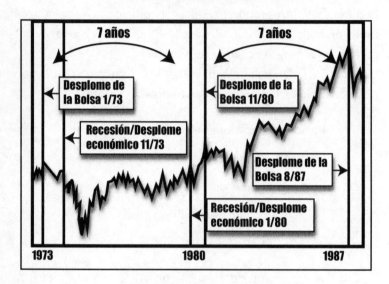

Desplomes de 2000 y 2007
Ciclo de siete años

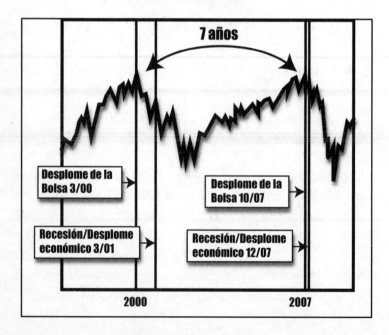

Los ciclos de desplome

Según el misterio de antaño, en el año séptimo ha de producirse un cese en los ámbitos económico y financiero de la nación.

> Pero el séptimo año la tierra tendrá descanso, reposo para Jehová; no sembrarás tu tierra, ni podarás tu viña.
>
> —Levítico 25:4

Si regresamos a nuestro gráfico teórico que muestra el antiguo año del *Shemitá* de Israel, encontraríamos líneas de picos y mínimos. Las líneas que trazan el *Shemitá* de Israel en giros económicos representarían un declive o recesión económica. Las líneas que trazan el *Shemitá* en un gráfico financiero representarían un desplome financiero. Si ahora llevamos esto al mundo moderno y vemos los gráficos que representan los ámbitos económicos y financieros estadounidenses y globales, ¿qué encontramos? Encontramos el mismo fenómeno. Una línea representa desplome financiero y la otra línea representa recesión económica.

Si regresamos de nuevo a nuestro gráfico teórico de la antigua Israel y lo extendemos para cubrir un periodo de varias décadas, ¿qué encontraremos? Encontraremos que los años de *Shemitá* han producido varios de esos picos y mínimos distribuidos de manera más o menos regular a lo largo del tiempo cubierto en el gráfico. Más concretamente, vemos que esos picos y descensos están relacionados con los otros picos y descensos por un ciclo de siete años.

¿Qué sucede si ahora hacemos lo mismo con nuestros gráficos que cubren las fortunas financieras y económicas del mundo moderno en las últimas cuatro décadas? Descubrimos que reaparece el mismo fenómeno antiguo. Los mayores picos y mínimos están distribuidos de manera más o menos regular a lo largo del periodo. Más concretamente, descubrimos que los cinco mayores picos y desplomes están relacionados con

los precedentes o subsiguientes picos y desplomes por un ciclo
de siete años.

Los ciclos sagrados y los cinco desplomes

Hemos sido testigos de una increíble correlación. En las pa-
sadas cuatro décadas de la historia moderna, los ámbitos económico y financiero de Estados Unidos y el mundo han seguido
el misterio de antaño que ordena que sucedan cese económico
y desplome financiero *según un ciclo de siete años.*

Pero ¿podría haber algo más en el misterio? ¿Es posible que
alguno de esos desplomes estuviese vinculado con el *Shemitá*
de manera aún más concreta? El *Shemitá* está basado no sólo
en un ciclo de siete años, sino en un ciclo *concreto* de siete
años ordenado en la Biblia. Solamente *uno de cada siete años*
puede ser el año del *Shemitá* designado. ¿Podría tener alguno
de los cinco grandes picos, apogeos, descensos y desplomes de
las últimas cuatro décadas una relación más concreta con el
Shemitá de *una vez en siete años* de tiempos antiguos?

- - - - - - - - - - - - - -

La prueba: ahora echaremos otro vistazo a los cinco picos y
los cinco desplomes de tiempos modernos. Pero esta vez ten-
dremos un enfoque concreto: el del momento. ¿Tiene alguno
de esos picos y desplomes alguna relación con el momento ordenado en el misterio de antaño?

El misterio del primer punto de inflexión

La secuencia comienza en el invierno de 1973, el 11 de enero,
cuando el S&P 500 alcanzó su pico de 120 y entonces comenzó un largo descenso. El primer *Shemitá* de este periodo
comenzó en septiembre de 1972 y continuó hasta septiembre
de 1973. Cuatro meses después del comienzo del *Shemitá*, la

Bolsa de Valores se desplomó. Por tanto, el pico y el desplome tuvieron lugar totalmente dentro del *Shemitá* bíblico.

El primer colapso y el *Shemitá* bíblico

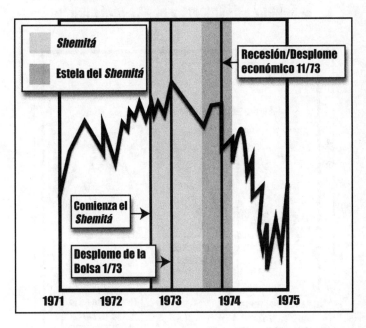

El desplome económico coincidió entonces con una recesión económica global. La recesión comenzó en la estela del *Shemitá*: octubre de 1973.

El misterio del segundo punto de inflexión

Siete años después, la economía estadounidense cayó en una recesión que constituyó uno de los más severos descensos de los tiempos modernos. La primera fase de una recesión doble económica comenzó en enero de 1980. ¿Hay alguna relación entre esto y el misterio de antaño?

Una vez más, la respuesta es sí. El *Shemitá* comenzó en 1979, el mismo año que comenzó la crisis económica, un año que vio un dramático ascenso de la inflación, una crisis energética y un declive regular de los resultados de crecimiento. Cuatro meses después de que comenzara el *Shemitá*, la economía comenzó su descenso.

El segundo desplome y el *Shemitá* bíblico

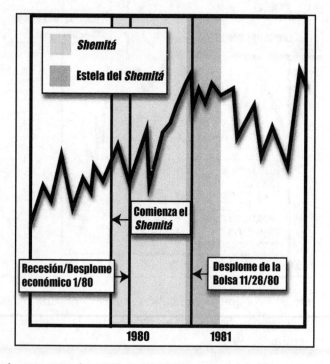

Así, la recesión de 1980 comenzó a mitad del *Shemitá*. El ámbito financiero siguió con un desplome que comenzó en la estela del *Shemitá*: el otoño de 1980.

El misterio del tercer punto de inflexión

Siete años después, la Bolsa de Valores llegó a su siguiente apogeo cuando el S&P 500 alcanzó los 336 el 25 de agosto de 1987. Entonces comenzó su desplome, un desplome que conllevó el mayor desplome en porcentaje en un sólo día en la historia de Wall Street. ¿Hay alguna relación entre estos eventos y el misterio de antaño?

La respuesta es otra vez sí. Desde el fin de la recesión a principios de la década de 1980 hacia adelante, la economía estadounidense había estado en una fase de rápida expansión. Pero en la segunda parte de 1986 llegó el tercer *Shemitá* del periodo de cuarenta años. Ese mismo año tuvo lugar un cambio. En 1986 el periodo de rápido crecimiento económico llegó a su fin y fue sustituido por un declive económico. El *Shemitá* entonces coincidió con la mayor parte de 1987, terminando en septiembre de ese año.

Sólo un mes de Elul en siete años puede completar el *Shemitá* y comenzar el desarrollo hasta el final del ciclo de siete años. El Elul del séptimo año comenzó el 26 de agosto de 1987. Ese mismo día, la Bolsa de Valores cambió su ímpetu y comenzó a desplomarse. A medida que progresó el mes hebreo, la Bolsa de Valores fue cada vez más inestable.

El 19 de octubre de 1987 llegó el mayor desplome en porcentaje de la Bolsa de Valores en la historia de Wall Street: el lunes negro.

El tercer desplome y el *Shemitá* bíblico

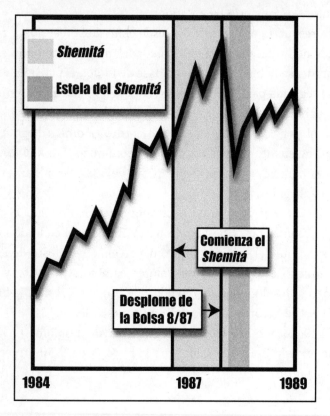

El desplome tuvo lugar en el mes de *Tishri* en siete años que comienza en el momento de anulación financiera del *Shemitá* y manifiesta sus repercusiones.

La década de 1990: la excepción; o no tanto

Aunque la década de 1990 no tiene una nota especial a la vista de los desplomes de la Bolsa de Valores, vale la pena mencionarla aquí. Al principio afirmamos que no deberíamos esperar que el fenómeno del *Shemitá* sea una fórmula o sea simplista, o que siempre suceda según un calendario establecido y regular. Por tanto, no esperaríamos que *cada Shemitá* estuviese ligado a un desplome económico financiero, o que cada

desplome económico o financiero estuviese vinculado con el *Shemitá*. La década de 1990 sería un caso en contra de la idea de que se puede meter el fenómeno en un calendario sistemático. No hubo importante desplome de la Bolsa de Valores en el tiempo del *Shemitá* o en esa década.

Por otro lado, sí tuvo lugar algo notable. Cuando un *Shemitá* y sus repercusiones terminan, la siguiente fase de desarrollo o recuperación comienza. Echemos un vistazo al siguiente gráfico financiero que traza la Bolsa de Valores de la década de 1990. Observaremos un notable cambio. A la vista de lo que sucedería después, el crecimiento al comienzo de la década parecía ligero, si no contenido. Pero entonces llegó un notable punto de inflexión. De repente, la Bolsa de Valores comenzó un marcado giro ascendente. La expansión fue dramática y notable, y continuó hasta el momento del siguiente desplome. El *Shemitá* de la década de 1990 concluyó en septiembre de 1994. ¿Cuándo comenzó este punto de inflexión hacia arriba, que terminaría en el siguiente desplome? Comenzó al final de 1994 y comienzos de 1995, justamente al final de la estela del *Shemitá*.

El otro punto de inflexión y el boom pos-*Shemitá*

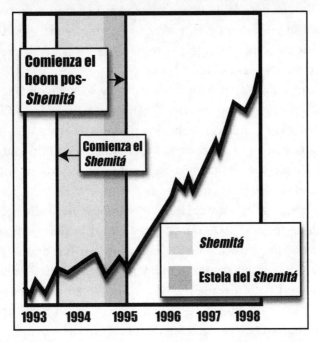

Incluso sin un desplome, la subsiguiente fase de desarrollo en el mundo financiero siguió el mismo ciclo del *Shemitá*. El desarrollo continuaría hasta el siguiente desplome, que tuvo lugar siete años desde el *Shemitá* de la década de 1990.

El misterio del cuarto punto de inflexión

En el año 2000, el boom de la Bolsa de Valores llegó a su pico y comenzó un largo descenso que duró más de dos años y medio. En marzo de 2001 la economía cambió de dirección y cayó en recesión. En septiembre llegó el ataque del 11 de septiembre, que paralizó los mercados financieros mundiales.

El año 2000 es también el año en que comenzó el *Shemitá*. Cuando lo hizo, la Bolsa de Valores estaba en descenso, y la recesión, en la primavera de 2001, comenzó en su punto central. En mitad de ese año *Shemitá* se combinaron los dos desplomes. La convergencia concluyó en la estela de otoño del *Shemitá*.

El cuarto desplome y el *Shemitá* bíblico

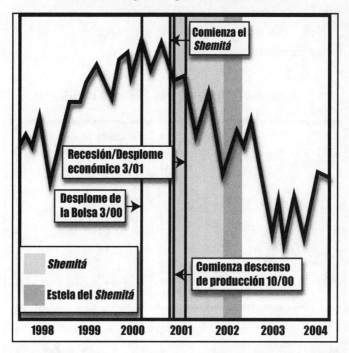

El *Shemitá* terminó el 17 de septiembre de 2001. Por tanto, contenía la calamidad del 11 de septiembre y su traumático impacto en los ámbitos financieros estadounidense y global.

El misterio del quinto punto de inflexión

La Bolsa de Valores llegó a su siguiente pico el 9 de octubre de 2007, y entonces comenzó un descenso en lo que llegaría a ser uno de los mayores desplomes en la historia de la Bolsa de Valores. En diciembre de 2007 la economía cayó en recesión. El desplome financiero duró hasta marzo de 2009, mientras que la recesión económica terminó tres meses después. ¿Hay alguna relación de estos eventos con el misterio del *Shemitá*?

El siguiente *Shemitá* de este periodo comenzó en septiembre de 2007. Con su llegada, los mercados financieros del mundo comenzaron a cambiar. De hecho, fue en el mes de apertura del *Shemitá* cuando los años de ascenso de la Bolsa de Valores terminaron y comenzó el desplome. Y tres meses después del punto de comienzo del *Shemitá*, la economía también comenzó a desplomarse.

El quinto desplome y el *Shemitá* bíblico

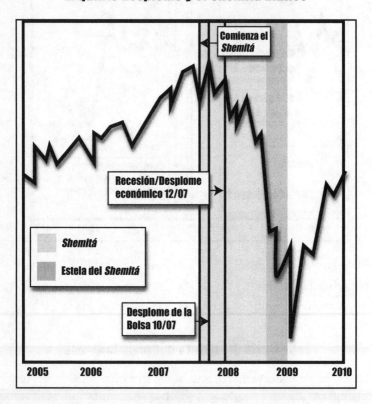

Ambos desplomes tuvieron lugar en escalas históricas. Ambos comenzaron en el año del *Shemitá*; y antes de que hubiese terminado el *Shemitá*, se produjo el mayor punto de desplome en la historia de la Bolsa de Valores. La mayor parte de lo que hoy denominamos "la Gran Recesión" fue realmente el año del *Shemitá*.

Los ciclos del Sinaí

Hemos descubierto un fenómeno sorprendente:

1. En la Biblia, los ámbitos económico y financiero encajan en un ciclo de siete años. Este ciclo conlleva un cese económico y una remisión financiera que se centran en el séptimo año del ciclo.

2. Tras las últimas cuatro décadas de historia financiera y económica está un ciclo de siete años. Este ciclo conlleva los mayores desplomes y descensos financieros conjuntamente con desaceleraciones económicas y recesiones. El historial revela un sorprendente fenómeno: todos los mayores picos y desplomes de los últimos cuarenta años tienen lugar en un ciclo de siete años con respecto al desplome anterior o posterior.

3. Los mayores picos y desplomes de los últimos cuarenta años no sólo están en un ciclo de siete años, sino en un ciclo de siete años *específico*. Están regulados específicamente con el antiguo año bíblico de cese económico y remisión financiera: el *Shemitá*. En otras palabras, tras los mayores desplomes y recesiones económicas de los tiempos modernos subyace el antiguo misterio del *Shemitá*.

En otros periodos de tiempo este patrón no parece necesariamente tan obvio, coherente o presente como lo hace aquí. La razón de que el periodo que comenzó en 1973 sea especialmente significativo lo trataremos en un capítulo posterior.

Los hechos siguen ahí, y todos ellos señalan al misterio de antaño. A continuación están algunos de ellos:

- Los mayores puntos de inflexión financieros de los últimos cuarenta años han estado relacionados con el *Shemitá* o su estela, *¡el cien por ciento de las veces!*

- Los mayores puntos de inflexión financieros, picos u desplomes a largo plazo de los últimos cuarenta años que han tenido lugar dentro del año bíblico del *Shemitá* o su estela, *¡son el cien por ciento!*

- Cuando ha habido un desplome financiero y también una recesión económica, el periodo que ha conectado sus puntos de comienzo ¡ha encajado dentro del *Shemitá* bíblico *el cien por ciento de las veces!*

- Por tanto, en el periodo de cuarenta años que comenzó en 1973, cada uno de los mayores picos y desplomes financieros y económicos han confluido, se han unido y han tenido lugar según el tiempo establecido del *Shemitá.*

- - - - - - - - - - - - -

Hemos visto los mayores desplomes generales en la historia moderna estadounidense y del mundo, y hemos descubierto en ellos un misterio de tres mil años de antigüedad que determina su curso.

Pero ¿y si nos embarcamos en una búsqueda diferente? ¿Y si en vez de mirar los mayores puntos de inflexión y los mayores desplomes a largo plazo, en cambio miramos los mayores desplomes *en un solo día* en la historia de la Bolsa de Valores? Estos están gobernados por leyes diferentes. ¿Qué descubriremos?

Los resultados no serán menos sorprendentes.

Capítulo 12

EL MISTERIO DE LOS CATACLISMOS

Los días del desplome

H ASTA AHORA, NUESTRA búsqueda se ha enfocado en los desplomes *a largo plazo* del mundo financiero y económico, desplomes que se extienden a lo largo de un periodo de meses y en general duran más de un año. Pero ahora comenzamos una nueva búsqueda. Ahora veremos los mayores *desplomes de un solo día* de la Bolsa de Valores.

La búsqueda es diferente e implicará principios y dinámicas diferentes. Los desplomes a largo plazo tienden, por naturaleza, a ser causados o afectados por condiciones, tendencias y dinámicas a largo plazo. Pero los desplomes de un solo día son más volátiles, impredecibles y susceptibles a las circunstancias variables y factores de "azar". Un buen ejemplo de esto es el desplome del lunes negro de 1987, las causas del cual se han atribuido a todo, desde índices de interés ascendentes hasta las peculiaridades y rarezas de los programas de comercio de las computadoras.

Otras claves del *Shemitá*

Otra importante diferencia entre los desplomes a largo plazo y los desplomes de un solo día es, desde luego, el marco de tiempo. Un desplome a largo plazo por lo general implicará varios periodos. Un desplome de un solo día, por definición, implicará un único periodo, mes y fecha. Por tanto, más allá del componente del año séptimo, ahora seremos capaces de mirar con más profundidad otros componentes del *Shemitá*; es decir, el *momento del año, el mes y los días*. Ahora podremos ver más claramente si existe alguna relación entre los desplomes financieros modernos y...

- **Elul**, el mes que introduce y se desarrolla hacia el comienzo del *Shemitá* y su conclusión climática.

- **Tishri**, el mes más central para el *Shemitá*, que marca el año séptimo en su comienzo y manifiesta sus repercusiones financieras al final.

- **La estela del Shemitá**, el periodo que sigue inmediatamente al día de Remisión del *Shemitá* y manifiesta sus repercusiones.

Al tener ahora las claves, comencemos la búsqueda.

Los diez mayores desplomes de un solo día en la historia de la Bolsa de Valores

Para nuestra primera búsqueda veremos los diez mayores desplomes *en puntos* en la historia de Wall Street. Son los desplomes financieros en los cuales el mayor número de puntos de la Bolsa de Valores fueron barridos.

La clave de los siete años y los diez mayores desplomes en puntos

De los diez mayores desplomes en puntos de la Bolsa de Valores en la historia, ¿está alguno de ellos relacionado con el año del *Shemitá*? Ya que el año del *Shemitá* llega solamente una vez cada siete años, las probabilidades serían de uno de siete. Hay diez desplomes en la lista; por tanto, la posibilidad de que cualquiera de esos desplomes tuviera lugar en el año del *Shemitá* es del 15 por ciento. Pero si estuviera sucediendo algo más, entonces la cifra sería mayor del 15 por ciento.

¿Tiene alguno de estos desplomes una relación con el año del *Shemitá*? La respuesta es sí. ¿Es el porcentaje mayor del 15 por ciento? La respuesta es otra vez sí. ¿Cuántos de los mayores desplomes en puntos en un solo día en la historia de Wall Street están relacionados con el año del *Shemitá*?

¡La mayoría de ellos!

Más de la mitad de los mayores desplomes en puntos en la historia de Wall Street están unidos al año bíblico de Remisión. Un increíble *60 por ciento* de los diez mayores desplomes tiene lugar ya sea dentro del *Shemitá* o en su estela. O para decirlo de otro modo, solamente una *minoría* de los mayores desplomes tiene lugar *fuera* del año bíblico del *Shemitá*.

La clave Tishri y los mayores desplomes en puntos

Ahora tomemos otro componente del misterio de antaño y veamos si guarda alguna relación con los mayores desplomes en la historia de Wall Street. ¿Está vinculado alguno de estos mayores desplomes en puntos con el mes clave del *Shemitá*, *Tishri*, incluido el día en que comienza *Tishri* a la puesta del sol?

Hay doce meses en el año hebreo, con la excepción de un decimotercer "mes bisiesto" insertado en el calendario aproximadamente cada tres años. Por tanto, las probabilidades de que alguno de los diez mayores desplomes de la Bolsa de Valores tuviese lugar en el mes hebreo de *Tishri* son de menos de uno a doce. Así, podríamos esperar que, en el mejor de los casos, uno de los diez mayores desplomes en puntos podría caer en *Tishri*; o ninguno. Pero si estuviera sucediendo algo más que lo natural, entonces la cifra sería mayor de uno de diez.

Por tanto, ¿tiene alguna relación cualquiera de estos desplomes con el mes hebreo de *Tishri*? La respuesta es sí.

¿Cuántos de los mayores desplomes en puntos en un día en la historia de la Bolsa de Valores están relacionados con el mes hebreo de *Tishri*?

¡La mayoría de ellos!

Más de la mitad de los mayores desplomes de la Bolsa de Valores en la historia de Wall Street están relacionados con este único y solitario mes hebreo. La cifra es el *60 por ciento*. Es notable que la mayoría de los desplomes estén unidos en torno a un único mes hebreo, y que solamente *una minoría* tenga lugar fuera de ese mes.

El último Tishri y los mayores desplomes en puntos

Elevemos los parámetros. De los mayores desplomes financieros que caen en el mes de *Tishri*, ¿cae alguno de ellos en *Tishri del séptimo año*? E incluso más específicamente, ¿cae alguno de ellos en el crítico mes de *Tishri* que *concluye* el séptimo año?

La respuesta es: ¡el 80 por ciento de ellos!

Más que en cualquier otro periodo del año, y más que en

cualquier otro momento en siete años, caen en el mes de *Tishri* que concluye el *Shemitá*. La mayoría de los mayores desplomes en puntos en la historia resulta que tienen lugar en un periodo de tiempo muy pequeño que se produce una vez cada siete años, lo cual también resulta ser el mismo periodo del calendario bíblico para la manifestación de las masivas repercusiones financieras del séptimo año.

Conectar las piezas del rompecabezas

El séptimo año, el mes de *Tishri*, y concretamente el *Tishri* que aparece al final del séptimo año, son todos ellos componentes del misterio. Como señales, pueden aparecer independientemente de las demás: una en un desplome, y otra en otro. Pero ¿qué sucede si las situamos todas juntas, tomando los mayores desplomes en puntos en la historia moderna de la Bolsa de Valores y situándolas con los componentes del misterio de antaño?

¿Cuántos de los diez mayores desplomes en puntos en la historia de Wall Street están relacionados o bien con el mes bíblico de *Tishri*, o el año bíblico del *Shemitá*? *¡El 70 por ciento!*

¿Cuántos de los diez mayores desplomes en puntos en la historia de Wall Street están relacionados o bien con el mes bíblico de *Tishri* o el año bíblico del *Shemitá*, incluyendo los meses que introducen el *Shemitá*? *¡El 80 por ciento!*

El fenómeno de octubre y el misterio de antaño

La extraña situación de desplomes financieros en el otoño, en particular el mes de octubre, ha fascinado a los analistas financieros durante años. En tiempos anteriores algunos buscaron explicar el fenómeno vinculándolo con la caída de las reservas de dinero en efectivo causadas por el pago a los agricultores de sus cosechas de otoño. Pero este y otros intentos de explicaciones han fracasado cuando los momentos y las condiciones han cambiado, al igual que lo han hecho los factores que están detrás de los desplomes de la Bolsa de Valores de tiempos modernos. Ha seguido siendo un misterio y un fenómeno inexplicable. Y sin embargo, lo sorprendente es que mientras los analistas financieros han observado este extraño fenómeno de los desplomes de la Bolsa de Valores gravitando hacia el otoño y les ha resultado inexplicable, precisamente el mismo tiempo está designado por Dios en la Escritura para la cancelación financiera.

El misterio del *Shemitá* proporciona los eslabones perdidos. Revela la conexión bíblica antigua que une el otoño con la implosión financiera. La clave no es simplemente la estación del otoño o el mes de octubre, sino concretamente el mes bíblico de *Tishri* y su mes introductorio de Elul. Añadamos a esto la segunda clave, la del ciclo de siete años y, *específicamente*, el *ciclo concreto de siete años* del *Shemitá*. Cuando situamos los desplomes financieros de la historia moderna ante el misterio de antaño, la revelación se vuelve asombrosamente clara.

Los otros cataclismos

Si el antiguo misterio está en acción, deberíamos esperar que deje sus huellas en más de una esfera de cataclismo financiero. Ahora pasamos a la segunda de las dos importantes esferas de desplomes: los desplomes en porcentaje.

Los mayores desplomes en puntos en la historia de la Bolsa de Valores son aquellos en los cuales el mayor volumen o puntos en el mercado son eliminados. Pero hay otra medida y categoría de desplomes financieros: los mayores *desplomes en porcentaje*. En estos, no es *el volumen o la magnitud* del desplome lo que cuenta, sino cuánto ha sido eliminado en proporción con el mercado general: la pérdida en porcentaje. Los mayores desplomes en porcentaje en la historia de Wall Street tienen lugar a lo largo de un amplio periodo de tiempo: desde 1899 hasta 2008.

¿Revelan estos desplomes en porcentaje algo más allá de lo natural?

Los dieciocho días de Tishri

De los diez mayores desplomes en porcentaje en la historia de la Bolsa de Valores, ¿tiene lugar alguno de ellos en el mes bíblico de *Tishri*? Comenzamos otra vez con una probabilidad de uno a doce para que cualquier evento tenga lugar en este único mes. Y de nuevo, tenemos solamente diez desplomes. Por otra parte, podríamos esperar que quizá *uno* de los diez mayores desplomes en porcentaje haya sucedido en ese mes hebreo, o *ninguno*. ¿Cuál es la respuesta?

El *40 por ciento* de los mayores desplomes en porcentaje en la historia de Wall Street tienen lugar en este mes hebreo. Ningún otro mes se acerca.

Si ampliamos nuestra búsqueda en solamente tres días ¿cuántos de los diez mayores desplomes en porcentaje tienen lugar en el mes de *Tishri* o dentro de los tres días de *Tishri*? *¡El 60 por ciento!*

¿Cuán amplio es el periodo de tiempo en el cual convergen todos estos desplomes de la Bolsa de Valores? *¡Tan sólo dieciocho días!*

Así, *el 60 por ciento* de los mayores desplomes en porcentaje de un solo día en la historia de Wall Street convergen en torno a un diminuto periodo del año bíblico. Todos ellos tienen lugar dentro de los mismos dieciocho días bíblicos.

Si no hubiera nada más que lo natural en acción, los mayores desplomes deberían estar distribuidos al azar, más o menos regularmente, a lo largo de cada mes y estación del año. Pero que el 60 por ciento de esos desplomes convergen en torno a un periodo de tiempo del año, y un periodo de tiempo muy pequeño, señala a algo más que lo natural en acción.

Los diez mayores desplomes en porcentaje
de la Bolsa de Valores (en hebreo)

NISAN	
IYYAR	
SIVAN	
TAMMUZ	10
AV	6
ELUL	
TISHRI	1 2 3 9
HESHVAN	4 8
KISLEV	
TEVET	5
ADAR	7
SHEVAT	

Un marco de dieciocho días representa menos del 5 por ciento del año. Las probabilidades de que cualquiera de esos desplomes tenga lugar durante este breve espacio de tiempo serían del 5 por ciento. Pero en lugar del 5 por ciento, tenemos la *mayoría* de ellos haciendo precisamente eso: ¡el 60 por ciento de los mayores desplomes de la Bolsa de Valores produciéndose todos ellos en un espacio de tiempo que representa el 5 por ciento del año! Y este 5 por ciento del año resulta que cae en el mes crítico de *Tishri*. Solamente una minoría de los grandes desplomes tienen lugar fuera de esta diminuta fracción de días.

El misterio tras los mayores desplomes en porcentaje en la posguerra

¿Y si actualizamos nuestro campo de búsqueda a los desplomes en porcentaje en la era después de la Segunda Guerra Mundial?

- De los ocho mayores desplomes en porcentaje de la posguerra, ¿tiene lugar alguno de ellos en el mes bíblico de repercusiones financieras, en *Tishri* o su víspera? *La mayoría: ¡el 62,5 por ciento!*

- ¿Está alguno de estos desplomes relacionados con el *Shemitá* o su estela climática? *Sí, ¡el 87,5 por ciento!*

- ¿Cuántos de estos desplomes están relacionados con el *Shemitá*, su estela o el mes bíblico de *Tishri*? *¡El 100 por ciento!*

El misterio tras los veinte mayores desplomes en porcentaje

¿Y si ahora ampliamos la búsqueda más allá de los diez principales hasta los veinte mayores desplomes en porcentaje en un solo día? ¿Se seguirá manteniendo la relación con el misterio del *Shemitá*?

De los veinte mayores desplomes en porcentaje en la historia de Wall Street, ¿cuántos están relacionados con el mes de *Tishri*? *El 45 por ciento de ellos están vinculados al mes de Tishri.*

¿Cuántos de ellos están vinculados con el año de *Shemitá*? *¡El 50 por ciento de ellos!*

¿Cuántos están relacionados con el mes de *Tishri*, su víspera, el *Shemitá* o su estela? *¡El 65 por ciento de ellos!*

La conexión con el misterio se mantiene, y regularmente.

El misterio de antaño y los veinte mayores desplomes en puntos

¿Y si ahora hacemos lo mismo con los mayores desplomes *en puntos* en la historia de la Bolsa de Valores, ampliando la búsqueda más allá de los diez principales a los veinte principales? ¿Se seguirá manteniendo la relación con el misterio del *Shemitá*?

De los veinte principales desplomes en puntos en la historia de la Bolsa de Valores, ¿cuántos están relacionados con el ciclo de Elul-*Tishri*? *Más de la mitad: ¡el 55 por ciento!*

¿Cuántos de los desplomes están vinculados especialmente con el final climático del *Shemitá*, el tiempo de la remisión final? *¡El 70 por ciento de ellos!*

¿Cuántos desplomes están relacionados con el año del *Shemitá*? *¡El 75 por ciento de ellos!*

¿Cuántos están relacionados con el mes de Elul, su víspera, el año del *Shemitá* o su estela? *¡El 85 por ciento de ellos!*

El fenómeno se manifiesta de nuevo, de manera extraña, regular y sorprendente.

El misterio de la proximidad

¿Qué sucede si tomamos los cinco mayores desplomes en puntos en la historia de la Bolsa de Valores y vemos lo cerca que cada uno está con el mayor punto de impacto del *Shemitá* concerniente al ámbito financiero: el punto donde convergen Elul y *Tishri* al final del año del *Shemitá*? Ya que el punto de impacto solamente puede afectar a aquello que viene después (y no antes), marcaremos el desplome según donde cae dentro del periodo de siete años, lo cerca o lejos que se produce desde el punto de mayor impacto del *Shemitá*. Si nada más que lo natural está en acción, esperaríamos que los desplomes tuvieran un promedio de proximidad de un 50 por ciento, o estuvieran en promedio separados por unos tres años y medio del final del *Shemitá*, la mitad en el ciclo de siete años. Pero lo que descubrimos es dramáticamente diferente y sorprendente.

El quinto mayor desplome en puntos de la Bolsa de Valores
Proximidad con el punto de impacto bíblico: ¡99,609 por ciento!

El cuarto mayor desplome en puntos de la Bolsa de Valores
Proximidad con el punto de impacto bíblico: ¡97,54 por ciento!

El tercer mayor desplome en puntos de la Bolsa de Valores
Proximidad con el punto de impacto bíblico: ¡100 por ciento!

El segundo mayor desplome en puntos de la Bolsa de Valores
Proximidad con el punto de impacto bíblico: ¡99,375 por ciento!

El primer mayor desplome en puntos de la Bolsa de Valores
Proximidad con el punto de impacto bíblico: ¡100 por ciento!

La proximidad y convergencia promedio de los cinco mayores desplomes en puntos de la Bolsa de Valores con el punto de mayor impacto del *Shemitá*: *¡99,305 por ciento!*

El misterio tras los cinco principales desplomes en porcentaje de la posguerra

De los cinco mayores desplomes en porcentaje de la era de posguerra, ¿cuántos de ellos tuvieron lugar en la estela de clímax del *Shemitá* o en el momento del clímax mismo? *¡El 100 por ciento!*

El misterio tras los cinco mayores desplomes en puntos en la historia

De los cinco mayores desplomes en puntos en la historia estadounidense, ¿cuántos de ellos tuvieron lugar en la estela de clímax del *Shemitá* o en el momento del clímax mismo? *¡El 100 por ciento!*

Los tres mayores desplomes en porcentaje y tres días hebreos

Los tres mayores desplomes en porcentaje en la historia de Wall Street tienen el nombre de "lunes negro" o "martes negro". ¿Tienen alguna relación con el misterio del *Shemitá*, que determina *Tishri* como el mes de repercusiones financieras? A continuación están los tres principales desplomes en porcentaje de la historia revelando sus fechas en el calendario bíblico:

El segundo mayor desplome en porcentaje: lunes negro, 1929
24 de Tishri

El tercer mayor desplome en porcentaje: martes negro, 1929
25 de Tishri

El primer mayor desplome en porcentaje: lunes negro, 1987
26 de Tishri

Por tanto, de los tres mayores desplomes en porcentaje en la historia de Wall Street, y de todos los días en el calendario en los cuales pudieron haber sucedido, todos ellos suceden en un espacio de *tres días* en el calendario bíblico.

El mayor de todos los desplomes

¿Y si mirásemos solamente los dos mayores desplomes de todos los tiempos: el mayor desplome en puntos en la historia y el mayor desplome en porcentaje en la historia? ¿Qué revelarían?

Cada desplome está relacionado con el mes de Tishri. Uno tiene lugar en mitad de *Tishri* y el otro el día que comienza.

Cada uno tiene lugar al final del ciclo bíblico de siete años, la conclusión o estela climática del *Shemitá,* el tiempo ordenado en el misterio de antaño para transformaciones masivas y remisión en el ámbito financiero y para la manifestación de sus repercusiones.

La evidencia es clara

Hemos establecido esta vara de medir: si no hubiera nada más que lo natural en acción en los mayores desplomes de la historia, entonces los mayores desplomes financieros de la historia deberían estar más o menos igualmente distribuidos a lo largo del año. Hemos estudiado el asunto según varios términos y hemos aplicado varias pruebas y parámetros.

La conclusión: algo mucho más que lo natural ciertamente está sucediendo. Y las señales del fenómeno señalan todas ellas al mismo misterio bíblico de antaño. Si el desplome de las Bolsas de Valores del mundo fuera un acto criminal, el *Shemitá* hace mucho tiempo que habría sido acusado por la evidencia dejada en la escena del crimen. Sus cifras, sus relaciones, sus convergencias, sus porcentajes, su magnitud y su regularidad, la cantidad de huellas que cubren los cataclismos financieros de los tiempos modernos es abrumadora.

Ahora llevamos el misterio a otro nivel. El misterio del *Shemitá* no es solamente un fenómeno que opera tras los ámbitos económico y financiero del mundo; es también un fenómeno ligado al juicio. ¿Es posible que las dinámicas del *Shemitá* estén avanzando cada vez más hacia el juicio? La respuesta estará en la revelación de un evento catastrófico y los días en los cuales el misterio del *Shemitá* converge con el misterio de los presagios.

PARTE IV

EL MISTERIO DEL *SHEMITÁ* Y LOS DÍAS DE LOS PRESAGIOS

Capítulo 13

EL *SHEMITÁ* DEL 11 DE SEPTIEMBRE

Los días de los presagios

EL MISTERIO QUE comienza en el desierto de Sinaí tiene un contexto mayor: juicio. El *Shemitá* puede producir bendición o juicio. Para una nación que ha vuelto la espalda al Dios de su fundación y le ha expulsado de su vida, el *Shemitá* llega como una señal de juicio que golpea específicamente la fuente de bendiciones y sostén de esa nación, sus ámbitos financiero y económico.

¿Es posible que si tal apostasía nacional se hace más marcada y severa, las señales del *Shemitá* de igual manera se vuelvan más marcadas y severas en consecuencia? ¿Y es posible que ya estemos siendo testigos de este fenómeno?

Pasamos ahora a otra etapa en la cual el misterio del *Shemitá* se combinará con el misterio de los presagios. Lo hará en forma de una calamidad de proporciones nacionales y globales.

Comienza el *Shemitá*

Es el año 2000. La economía estadounidense ha estado atravesando un extenso periodo de expansión económica, el más largo registrado. Al mismo tiempo, el alejamiento de Estados Unidos de Dios ha sido continuo y progresivo. Llega un *Shemitá*. En la primavera anterior al *Shemitá*, la Bolsa de Valores comienza a descender. Su caída continuará hasta 2002.

El *Shemitá* comienza en septiembre de 2000. Aunque la Bolsa de Valores está descendiendo, el ámbito económico aún no está en recesión. Se tienen en cuenta varios factores a la hora de declarar el comienzo de una recesión. Uno de ellos es el empleo, otro son las ventas, y otro es la producción.

En marzo de 2001 el empleo alcanza un pico y comienza a descender. Esto, combinado con otros signos económicos de declive, constituirá el comienzo de una recesión. Por tanto, en la primavera de 2001, el centro del *Shemitá*, tanto la Bolsa de Valores como la economía, los ámbitos financiero y económico de la nación, están desplomándose conjuntamente.

Y sin embargo, uno de los factores clave de una recesión es la producción industrial. Varios meses antes de que fuese declarada la recesión, la producción industrial estadounidense comenzó un declive. En el periodo de un año, el declive llegó al 6 por ciento, sobrepasando los descensos de producción de recesiones anteriores.

¿Cuándo comenzó esa desaceleración? La producción industrial de Estados Unidos llegó a su pico en septiembre de 2000, y entonces comenzó a descender. El *Shemitá*, por definición, causa que la producción descienda. ¿Cuándo comenzó el *Shemitá*? El comienzo exacto del *Shemitá* fue el 30 de septiembre de 2000. ¿Cuándo comenzó el descenso en la producción? A finales de septiembre. El *Shemitá* en 2001 y el descenso de la producción industrial de la nación comenzaron simultáneamente.

El clímax del *Shemitá*: septiembre de 2001

El *Shemitá*, como hemos visto, comienza casi sin ser notable, como un aspecto externo, pero entonces aumenta en intensidad a medida que se dirige hacia su conclusión dramática y climática el 29 de Elul, el día de Remisión.

El *Shemitá* comenzó en el otro del año 2000. Las primeras señales de declive económico siguieron. En la primavera, la economía había caído en recesión; pero cuando el *Shemitá* se dirigía hacia el otoño de 2001 fue cuando tuvo lugar su dramático clímax.

Primera advertencia

¿Cuáles son las señales de una nación en peligro de juicio? Una de las señales bíblicas clásicas de juicio nacional es esta: años antes de que caiga la destrucción, se da una advertencia. El escudo de protección de la nación es quitado; se abre una brecha en sus fronteras y la seguridad nacional. Se permite a un enemigo golpear la tierra. El golpe es contenido, limitado en el tiempo y en el ámbito. Es una sacudida, una llamada de atención, una alarma: la primera advertencia masiva de juicio. Después se da a la nación un periodo de gracia para regresar a Dios de nuevo o para seguir su curso y dirigirse a la destrucción: el primer presagio.

El primer presagio fue manifestado en terreno estadounidense el 11 de septiembre de 2001: el escudo de protección de Estados Unidos fue levantado.

Se permitió al enemigo realizar una incursión, dar un golpe a la tierra. La seguridad nacional estadounidense sufrió una brecha. El golpe fue contenido, limitado en tiempo y ámbito. Fue una sacudida, una llamada de atención, una alarma. Pero en la estela del 11 de septiembre, Estados Unidos hizo exactamente lo que la antigua Israel hizo en la estela del ataque de antaño. Estados Unidos se negó a regresar a Dios y, de hecho, se volvió incluso más desafiante en su apostasía. Y los presagios de juicio de antaño comenzaron entonces a manifestarse.

Pero el 11 de septiembre no tuvo lugar en cualquier año; *el 11 de septiembre tuvo lugar en el año del Shemitá.*

El *Shemitá* del 11 de septiembre

Debido a que el *Shemitá* tiene impacto especialmente en los ámbitos financiero y económico de la nación, así sucedió el 11 de septiembre. La calamidad golpeó el bajo Manhattan, también conocido como "el distrito financiero". Las torres gemelas se erigían como símbolos de la preeminencia económica y financiera de Estados Unidos. La calamidad golpeó el corazón del sector financiero estadounidense, y creó una oleada que abrió una grieta en uno de los edificios más famosos de Wall Street.

Pero el 11 de septiembre golpeó a Wall Street de una manera más directa: lo paralizó. Obligó a cerrar la Bolsa de Nueva York. La calamidad tuvo lugar un martes. Su impacto obligó a Wall Street a cerrar durante casi una semana. El lunes siguiente fue designado para la reapertura de la Bolsa de Valores. Era el día 17 de septiembre de 2001. Wall Street se desplomó. El mercado perdió 684 puntos en una sola sesión. Fue el mayor desplome en puntos de la Bolsa de Valores en la historia estadounidense hasta aquella fecha.

Por tanto, aquí tenemos otro de los mayores desplomes de la Bolsa de Valores en la historia del mundo. Y aquí, de nuevo, se manifiesta el misterio de antaño del *Shemitá*:

- El desplome de 2001 está relacionado con el año del *Shemitá.*

- Tiene lugar en septiembre de 2001, el tiempo del climático final del *Shemitá.*

- Está vinculado al mes bíblico de *Tishri,* el tiempo de repercusiones financieras. Precisamente la misma noche del desplome comenzará *Tishri.*

- Constituye una anulación masiva del ámbito financiero "al final del séptimo año", el momento ordenado en la Biblia para la anulación masiva del ámbito financiero.

29 de Elul de 2001

Pero hay más. El misterio del *Shemitá* se centra en un día por encima de todos los demás: el día de Anulación, precisamente el día último y climático, el 29 de Elul, el día en que las cuentas financieras son eliminadas. ¿Cuando tuvo lugar el mayor desplome financiero en la historia estadounidense hasta esa fecha?

El mayor desplome financiero de la historia estadounidense hasta esa fecha tuvo lugar el 29 de Elul, el día bíblico del Shemitá.

El mayor desplome financiero en la historia estadounidense hasta esa fecha tuvo lugar el mismo día dado en la Biblia para barrer las cuentas financieras de una nación. No solamente cayó en 29 de Elul, sino que también cayó en el único 29 de Elul que llega una sola vez aproximadamente cada siete años y está designado para causar anulación masiva en el ámbito financiero de una nación.

2001: 29 de Elul, día bíblico de desplome financiero

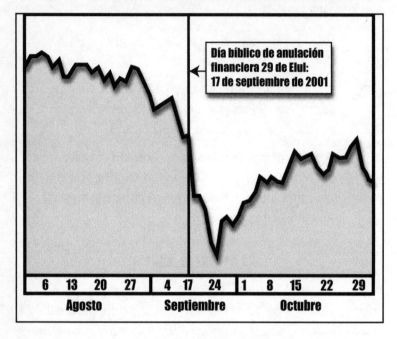

La puesta de sol del 29 de Elul

Sucedió el día exacto, hasta las horas exactas. El antiguo mandamiento ordena que las cuentas financieras sean borradas "al final del año séptimo". El final del año séptimo, como hemos visto, había de significar el último día del año séptimo, 29 de Elul, y más concretamente, el final de ese día: la puesta de sol. Así, todas las cuentas de débito y crédito tenían que ser eliminadas y anuladas para cuando el sol se ponía el día 29 de Elul. En el momento del atardecer se reconocían como canceladas.

Por tanto, el 29 de Elul era el día de cancelación de las deudas, los créditos, y de la anulación de las cuentas financieras antes del atardecer. Pero en el momento del atardecer era *Tishri*. Además de eso, era un día santo cuando se hacían sonar las trompetas. Por tanto, en las horas que conducían al atardecer, el pueblo judío se preparaba para los días más santos. La remisión del 29 de Elul tenía que ser completada antes del atardecer.

El día de Anulación

Por tanto, el 29 de Elul de 2001, el día de Anulación, llegó la mayor anulación, cancelación y eliminación de cuentas financieras en la historia de la nación hasta ese día: la transformación más masiva en un solo día del ámbito financiero de Estados Unidos jamás registrada. Aquel día, en todo el mundo, judíos practicantes estaban simbólicamente anulando sus cuentas mientras que las cuentas de Wall Street estaban siendo anuladas en la realidad. Fue el barrido del *Shemitá* en la Bolsa de Nueva York. Fue la anulación más colosal de Wall Street, y todo ello tenía lugar en el antiguo día del *Shemitá*.

Y entonces, justo unas horas antes del atardecer, avanzada la tarde, había terminado. El día del *Shemitá* había concluido, el año del *Shemitá* estaba completo, y el ciclo de siete años había llegado a su fin. El mayor desplome financiero en la historia de Wall Street también quedó terminado justo a tiempo para la conclusión del año séptimo al atardecer.

Los días finales del *Shemitá* son sus días más intensos y dramáticos. Así también los días finales del *Shemitá* de 2001 fueron sus días más intensos y dramáticos. Y el 11 de septiembre fue parte de ello. Marcaría la semana final del *Shemitá* y completaría un ciclo que había comenzado siete años antes.

Y hubo otra conexión entre el 11 de septiembre y el final del año séptimo. Ya que el 11 de septiembre había causado que Wall Street cerrase durante casi una semana, significó que la Bolsa de Valores había estado, en efecto, paralizada en el tiempo a medida que se aproximaba a su reapertura el día 29 de Elul. En otras palabras, el día de Remisión comenzó en el número designado para el 11 de septiembre. En otras palabras, el número que apareció la mañana del 29 de Elul y desde el cual comenzó el desplome de Wall Street era el mismo número que apareció la mañana del 11 de septiembre cuando comenzó la calamidad. Por lo que respecta a la Bolsa de Valores, no hubo espacio alguno entre los dos días. El 11 de septiembre y el 29 de Elul estaban unidos. El comienzo de uno se convirtió en el comienzo del otro. El mismo número volvería a aparecer en Wall Street ocho años después, *el mismo día*, el aniversario del 11 de septiembre. Los inversores supuestamente quedaron "asustados" por el hecho.

El 11 de septiembre y el misterio de antaño

El vínculo entre el 11 de septiembre y el 29 de Elul plantea un punto inescapable: si no se hubieran producido los eventos del 11 de septiembre, no habría habido ningún desplome de la Bolsa de Valores. Y si el ataque no hubiera sucedido en el momento en que sucedió, entonces la Bolsa de Valores no se habría desplomado en el momento en que lo hizo. Y si la Bolsa de Valores no se hubiera desplomado en el momento en que lo hizo, no habría habido ningún gran desplome financiero en el año del *Shemitá*. Tampoco habría habido ninguna transformación del ámbito financiero; tampoco habría habido una conexión entre Wall Street y *Tishri*; tampoco habría tenido lugar la anulación masiva de las cuentas financieras de la nación el día exacto designado desde tiempos antiguos para el barrido de las cuentas financieras de una nación. Podría haber tenido lugar de una manera más precisa. Sin la calamidad del 11 de septiembre al suceder cuando lo hizo, el misterio de antaño del *Shemitá* no podría haberse cumplido como se cumplió el día exacto "al final de siete años": 29 de Elul.

Lo que esto significa es que incluso el momento del 11 de septiembre tenía que ser parte del antiguo misterio del *Shemitá*. Si eso suena a afirmación radical, recordemos el año 586 a. C. cuando los ejércitos de Babilonia llevaron destrucción a la tierra de Israel. Y sin embargo, el secreto de su momento estaba ligado al misterio del *Shemitá*; así también con lo que tuvo lugar en septiembre de 2001, el momento estuvo ligado con el misterio de antaño.

El misterio global

¿Qué revela? Revela que el misterio del *Shemitá* toca cada ámbito de la vida, implica al mundo entero y altera el curso de la historia. No es de origen o explicación natural, sino sobrenatural. A la vista de esto, veamos de nuevo la descripción del *Shemitá* en su manifestación más grande y de mayor alcance:

- Opera a escala épica y global, sobrepasando fronteras nacionales e implicando cada ámbito de la vida.

- Implica el ámbito político, cultural, sociológico, militar e incluso el ámbito natural.

- Aunque tiene influencia directa en los ámbitos financiero y económico, su desarrollo puede estar desencadenado y acompañado por acontecimientos de ámbitos totalmente diferentes.

- Puede manifestarse en forma de un evento catastrófico.

- Puede eliminar no sólo cuentas financieras, sino también realidades físicas, edificios, muros, torres y ciudades.

- Puede alterar el paisaje de naciones y poderes.

- - - - - - - - - - - - -

La manifestación del *Shemitá* en septiembre de 2001 fue sorprendentemente precisa, asombrosa y transformadora del mundo. Pero estaría seguida por aún otra manifestación del misterio de antaño, igualmente precisa, igualmente asombrosa e igualmente transformadora del mundo.

Capítulo 14

EL *SHEMITÁ* Y LA GRAN RECESIÓN

La segunda sacudida

EL MISTERIO DE *El presagio* revela un antiguo esquema de juicio nacional que ahora se repite en Estados Unidos hoy día. Este esquema revela una progresión específica desde el momento de la primera sacudida de la nación en forma de un golpe enemigo, hasta el día de su destrucción. Dos de las claves implicadas en esta progresión son las siguientes:

1. Si la nación rechaza la primera sacudida y la advertencia de juicio, llegará otra, y otra, hasta que

la nación o bien regrese a Dios, o descienda hasta el final completo del juicio.

2. "El efecto Isaías 9:10". El intento de una nación de desafiar el curso de su juicio, aparte del arrepentimiento, en cambio pondrá en marcha una cadena de acontecimientos para producir precisamente la calamidad que pretendía evitar.[1]

En los días posteriores al 11 de septiembre, los estadounidenses llenaron los lugares de adoración para implorar la bendición de Dios sobre la nación. Algunos pensaban que podría ser el comienzo de un avivamiento nacional, un masivo regreso a Dios; pero duró aproximadamente tres semanas. No hubo ningún avivamiento. No hubo arrepentimiento. Y sin arrepentimiento no podía haber avivamiento. En los años después del 11 de septiembre, la apostasía moral y espiritual de Estados Unidos solamente aumentó en intensidad, profundidad y velocidad.

Las semillas del desplome

En la estela del 11 de septiembre, Estados Unidos intentó, al igual que lo hizo la antigua Israel, desafiar la calamidad, vencer sus efectos, reconstruir y regresar más fuerte que antes. El primer acto de este intento tuvo lugar en el ámbito financiero. En un esfuerzo por evitar la catástrofe económica e inducir la recuperación, la Reserva Federal comenzó una serie progresiva de extremos recortes de la tasa de interés como objetivo de la nación. Esto desencadenó una reacción en cadena de repercusiones financieras y económicas que alteraron las economías estadounidense y global. Ayudó a crear o animar una explosión de crédito y deuda, un boom en el mercado de las hipotecas, un boom en el mercado inmobiliario y un *boom* en el mercado de valores.

Pero el principio de antaño, el efecto Isaías 9:10, fue puesto en movimiento. El intento de la nación de desafiar una calamidad terminó produciendo la siguiente. Todo ello condujo al mayor desplome financiero desde la Gran Depresión.

¿Cuándo comenzó? Comenzó el 17 de septiembre de 2001, con el primero de la serie de recortes después del 11 de septiembre de los índices de interés de la nación. *Ese día fue 29 de Elul, el día del Shemitá*. Por tanto, un *Shemitá* preparó el escenario para el siguiente, y las semillas sembradas en un desplome producirían el siguiente.

Primicias

Desde que tocó fondo en el otoño de 2002, la Bolsa de Valores había estado en un ascenso continuo y masivo. Pero en 2007 se acercaba a su comienzo un nuevo *Shemitá*, y el misterio de antaño estaba a punto de manifestarse una vez más. A medida que se acercaba el día de su apertura, aparecieron cada vez más señales de peligro económico. La tasa de ejecuciones hipotecarias y morosidad en los préstamos aumentó de modo dramático. Esas instituciones que respaldaron préstamos e hipotecas se encontraron en crisis. Con el comienzo del *Shemitá* a sólo un mes de distancia, surgió una crisis de liquidez en la industria bancaria el 9 de agosto, que algunos señalarían como el comienzo de la crisis global que llegaría.

La primera señal concreta y presagio de lo que pronto rodearía a los mercados estadounidense y global tuvo lugar en Gran Bretaña, y a la vez fue desencadenada por lo que estaba sucediendo en Estados Unidos. A principios de septiembre de 2007, el quinto banco hipotecario más grande de Gran Bretaña, Northern Rock, se desplomó. Fue el primer pánico bancario en la historia de Gran Bretaña en casi ciento cincuenta años. El desplome de Northern Rock ha sido denominado un "presagio" del desplome financiero global. Ciertamente, muchas líneas de tiempo de la implosión global comienzan con esta fecha.

¿Cuándo tuvo lugar este primer desplome? Sucedió el 13 de

septiembre de 2007. En el calendario bíblico era el día 1 de *Tishri*: el primer día del *Shemitá*.

¿Y qué de la Bolsa? ¿Hubo alguna señal en el ámbito financiero de que había llegado el *Shemitá*? La Bolsa de Valores había estado en ascenso regular durante años. El *Shemitá* comenzó en septiembre de 2007. El 10 de octubre, la Bolsa de Valores cambió su ímpetu y comenzó a desplomarse. Poco tiempo después de aquello, la economía cayó en una recesión.

El comienzo del *Shemitá* y el desplome de 2007

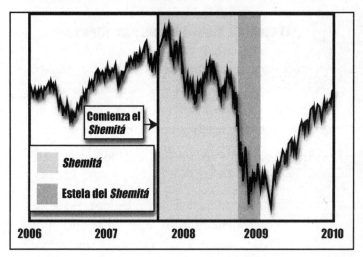

La tormenta es más profunda

A medida que progresaba el año del *Shemitá*, igualmente lo hacía el desplome de la Bolsa de Valores. En la primavera de 2008 Bearn Stearns, una de las firmas de inversión global más prominentes, se desplomó. Las señales del *Shemitá* comenzaron a multiplicarse y la producción descendió, al igual que lo hicieron el comercio y el empleo. A medida que el *Shemitá* progresó hacia su climático final con la cercanía del otoño, así también la crisis financiera global comenzó a escalar rápidamente.

A primeros de septiembre, las dos corporaciones que eran dueñas o respaldaban la mitad del mercado hipotecario estadounidense se desplomaron, y fueron rescatadas por el gobierno en una de las intervenciones más dramáticas desde la Gran Depresión. Con el *Shemitá* ahora a dos semanas de distancia de su conclusión, el cuarto banco de inversiones más grande en Estados Unidos, Lehman Brothers, comenzó a desplomarse. Su caída desencadenó una implosión global financiera y económica no vista desde los tiempos de la Gran Depresión.

El ciclo de siete años de sacudidas

- La primera sacudida de Estados Unidos implicó una destrucción y desplome físicos. La segunda sacudida implicaría destrucción y desplome en los ámbitos financiero y económico.

- El misterio del *Shemitá* está basado en un ciclo de siete años.

- La primera sacudida de Estados Unidos, el ataque del 11 de septiembre, tuvo lugar en el año 2001. La segunda sacudida, el desplome financiero, tuvo lugar en 2008: un ciclo de siete años.

- El desplome financiero sucedió en septiembre de 2008: un ciclo de siete años del *mes* del 11 de septiembre.

- El desplome comienza la segunda semana de septiembre: un ciclo de siete años de la *semana* del 11 de septiembre.

- Cuando Estados Unidos conmemora el *séptimo aniversario* del 11 de septiembre es cuando la segunda sacudida, la implosión financiera, es puesta en movimiento en Wall Street.

29 de Elul de 2008: el día de Anulación

El desplome financiero global alcanzó su pico el 29 de septiembre de 2008. Aquella mañana, la campana de apertura se tocó para comenzar el día de comercio en la Bolsa de Nueva York, pero la campana se negó a sonar. Los observadores lo consideraron un augurio. Lo que siguió al "augurio" sobrepasó incluso el desplome de 2001. Sobrepasó *cada desplome* en la historia de Wall Street en magnitud. Fue el mayor desplome en puntos de la Bolsa de Valores en la historia estadounidense. Aquel día, el misterio de antaño se había manifestado de nuevo.

- El mayor desplome en la historia del mundo tuvo lugar en el año del *Shemitá*, 2008.

- Sucedió en septiembre de 2008, el momento del climático final del *Shemitá*.

- Estaba conectado con el mes bíblico de *Tishri*, el mes de repercusiones financieras. El desplome fue sellado con el sonido de cuernos de carnero aquella noche cuando comenzó la fiesta de las Trompetas.

- El desplome constituyó una anulación en masa en el ámbito financiero "al final del año séptimo", precisamente el momento ordenado en la Biblia para la anulación en masa del ámbito financiero.

Y sin embargo, el misterio llegaría a ser incluso más sorprendentemente exacto. ¿Cuándo tuvo lugar este desplome, el mayor de todo el mercado de valores? *El mayor desplome en la historia de la Bolsa de Valores tuvo lugar el 29 de Elul, el día del Shemitá, ¡el día de Anulación!*

El mayor desplome financiero en la historia estadounidense y del mundo tuvo lugar el mismo día dado en la Biblia para eliminar las cuentas financieras de una nación. El desplome no sólo cayó en el 29 de Elul, sino en el único 29 de Elul que llega solamente una vez cada siete años, el único periodo de veinticuatro horas en siete años designado para la anulación en masa en el ámbito financiero de una nación.

Resulta que sucedió exactamente el mismo día designado y exactamente las horas designadas en las que habría de quedar completada la cancelación de las cuentas financieras. Quedó terminado avanzada la tarde, antes del atardecer, el momento en que la anulación tenía que ser completada.

2008: 29 de Elul, día bíblico de desplome financiero

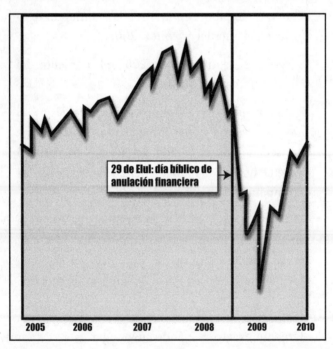

29 de Elul: día bíblico de anulación financiera

2005   2006   2007   2008   2009   2010

Así que, de nuevo, al igual que sucedió siete años antes, en el día bíblico de Anulación, el 29 de Elul, llegó la mayor anulación de las cuentas financieras en la historia del mundo.

A medida que judíos practicantes en todo el mundo de nuevo anularon sus cuentas financieras, las cuentas de Wall Street fueron de nuevo anuladas en la realidad. Otra vez, el misterio de antaño se movió por todo el planeta, desde la Bolsa de Nueva York hasta los importantes negocios financieros del mundo, en un vasto y colosal *Shemitá*, anulando, cancelando, barriendo y transformando los ámbitos financieros de las naciones.

El misterio de antaño se había manifestado de nuevo, y no podría haberlo hecho de manera más precisa o sorprendente de como lo hizo. El ciclo había comenzado en el momento de la puesta de sol del 17 de septiembre de 2001, y había culminado en el momento de la puesta de sol del 29 de septiembre de 2008.

Un fenómeno asombroso

Cuando comprendemos la magnitud del fenómeno, se convierte en algo más que sorprendente. Es un misterio de antaño que tuvo que haber determinado no sólo el momento exacto de los dos mayores desplomes de la Bolsa de Valores en la historia del mundo, sino también el momento del 11 de septiembre mismo, por mencionar solamente uno de los eventos necesarios para la manifestación. Todos estos eventos han influenciado y alterado el curso de la historia estadounidense y mundial. Y sin embargo, tras ellos yace un misterio ordenado desde tiempos antiguos.

Por encima de todo lo demás que hemos visto hasta ahora, la multitud de relaciones y huellas dejadas por el misterio de antaño en los mayores desplomes financieros y económicos de los tiempos modernos son las siguientes:

- Sólo dos desplomes de la Bolsa de Valores en este milenio se han ganado el título de "el mayor desplome en puntos de la Bolsa de Valores en la historia". Ambos resulta que sucedieron exactamente la misma fecha en el calendario bíblico: 29 de Elul.

- El día en que cada uno tuvo lugar, resulta que había sido ordenado en los textos de la Escritura desde tiempos antiguos.

- Cada uno tuvo lugar en un día que llega solamente una vez en varios años.

- Esta ocurrencia de una vez en varios años resulta que es el mismo día que está específicamente ordenado desde tiempos antiguos en la Escritura como el día de una anulación masiva en el ámbito financiero: precisamente lo que tuvo lugar en Wall Street exactamente en ese día.

- El misterio de antaño determina que esta anulación en masa de las cuentas financieras tiene lugar exactamente a una distancia de siete años bíblicos. Los dos mayores desplomes no sólo tuvieron lugar el 29 de Elul, sino también el 29 de Elul que está exactamente a siete años bíblicos de distancia, hasta el día.

2000-2001 y 2007-2008
Los dos *Shemitás* y los dos desplomes globales

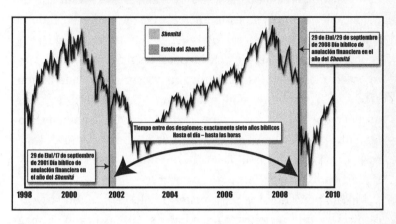

Shemitá

Estela del *Shemitá*

29 de Elul/29 de septiembre de 2008 Día bíblico de anulación financiera en el año del *Shemitá*

Tiempo entre dos desplomes: exactamente siete años bíblicos Hasta el día – hasta las horas

29 de Elul/17 de septiembre de 2001 Día bíblico de anulación financiera en el año del *Shemitá*

1998   2000   2002   2004   2006   2008   2010

El fenómeno de 2569 días

Si dejamos que el fenómeno hable por sí solo, revela un claro mensaje. El desplome que había sido desencadenado por los eventos del 11 de septiembre asumió el título del mayor desplome en puntos de la Bolsa de Valores en la historia el 17 de septiembre de 2001. Sucedió el día designado en la Biblia para la anulación masiva de cuentas financieras. El misterio de antaño ordenó que siete años después del primer evento se produciría una repetición de ese evento, otra anulación masiva de cuentas financieras. Estos son siete años bíblicos, lunares-solares, hebreos.

Según el misterio de antaño, el periodo de tiempo ordenado para que tenga lugar el segundo evento es de 2569 días. El desplome de 2008 tuvo lugar exactamente 2569 días después del primero, tal como está ordenado desde tiempos antiguos. El primer desplome llevó el título del mayor desplome de la Bolsa de Valores en la historia durante exactamente 2569 días, el número exacto ordenado en el misterio de antaño. Entonces fue sobrepasado por el segundo desplome, que tuvo lugar exactamente el mismo día hebreo señalado desde tiempos antiguos.

Una mano invisible

El ascenso y la caída de la Bolsa de Valores es el resultado de incontables transacciones financieras en mercados en todo el mundo, incontables desarrollos en los ámbitos financiero y económico que se juntan con incontables reacciones humanas, interacciones, cálculos, sentimientos y caprichos; cada acción afecta a la siguiente. Ninguna mano humana podría haber orquestado nada remotamente parecido a tal fenómeno. Solamente pudo haberse producido por el movimiento de una mano invisible. Su complejidad combinada con su precisión sigue siendo nada menos que asombroso.

Vale la pena notar que el misterio del *Shemitá*, en sus dos últimas manifestaciones, parece haberse intensificado en magnitud y precisión, una intensificación que se iguala a una intensificación y aceleración en el descenso espiritual y moral de Estados Unidos y gran parte del mundo moderno.

El fenómeno es abrumador. El misterio del *Shemitá* ha afectado al curso de la Bolsa de Valores y de la economía, a Estados Unidos y las naciones, y las vidas de todo aquel que está leyendo estas palabras.

Pero incluso esto no es el final. Vamos a descubrir que el misterio de antaño opera en maneras que uno nunca esperaría, y en ámbitos que uno nunca habría imaginado. Y, desde luego, hablará de cosas que aún han de llegar.

- - - - - - - - - - - -

Antes de entrar en otra esfera del misterio, desentrañaremos una última revelación con respecto al ámbito de los desplomes, una revelación que implica una de las cadenas de eventos más misteriosas, si no místicas.

Capítulo 15

EL MISTERIO DE LOS SIETES

El número del *Shemitá*

ENTRETEJIDO EN EL misterio del *Shemitá* está el número siete. El *Shemitá* es el séptimo año y la conclusión de un ciclo de siete años.

El siete es también el número de la remisión producida por el *Shemitá*. Cuando, el 29 de Elul, el ámbito financiero es borrado, las deudas y los créditos que son anulados son los de los últimos siete años. Por tanto, el efecto del *Shemitá* se extiende siete años hacia el pasado, el ciclo entero de siete años.

El *Shemitá* es el Sabat de años. Y al igual que el siete es el número del día de reposo, el siete es también el número del *Shemitá*.

¿Es posible que el mayor desplome en puntos de la Bolsa de Valores en la historia, al haber tenido lugar el día del *Shemitá*, llevase las marcas del año de reposo, en la forma del número siete?

Lo siguiente no es fundamental ni esencial para el fenómeno o el misterio del *Shemitá*, pero es un fenómeno fascinante por derecho propio.

La marca del siete

- **La marca de los siete años**: El mayor desplome en puntos en la historia de la Bolsa de Valores sucedió el 29 de Elul, el final del *séptimo año* y la conclusión del *ciclo de siete años*.

- **El mes séptimo**: La noche del mayor desplome dio comienzo al mes de *Tishri*. *Tishri* es el séptimo mes del calendario sagrado. Por tanto, el desplome tuvo lugar el día que da entrada al periodo más sagrado en el calendario bíblico: *el mes séptimo*.

- **Setecientos mil millones:** El desplome fue desencadenado porque el Congreso no aprobó la ley de emergencia de estabilización económica. La ley fue una respuesta a la implosión económica de septiembre de 2008, un intento de salvar el sistema financiero estadounidense. La cantidad escogida para el rescate fue de *setecientos mil millones* de dólares.

- **Siete por ciento, 2008:** ¿Qué porcentaje de Wall Street fue barrido el último día del año séptimo? *El siete por ciento.*

- **Siete por ciento, 2001:** ¿Cuánto de Wall Street fue barrido siete años antes el último día del anterior *Shemitá* en 2001? *El siete por ciento.*

- **Siete-siete-siete:** ¿Cuántos puntos fueron barridos el último día del año séptimo? *Setecientos setenta y siete (777).*

El cronometrador

Cuando el reino de Judá fue destruido en el año 586 a. C., pocos de los supervivientes podrían haber imaginado lo que quedaba por delante. La tierra quedó despoblada en una deportación en masa de personas de Judea a un exilio en Babilonia. El escenario más probable era que nunca más volverían a ser una nación judía en la tierra de Israel. Pero lo que el futuro tenía reservado era totalmente diferente.

El secreto de lo que tendría lugar y exactamente cuándo tendría lugar ya estaba ahí, contenido en el misterio del *Shemitá*. El exilio en Babilonia duraría setenta años basándose en el tiempo determinado por los setenta años *Shemitá* que la nación había quebrantado. Cuando esos años quedasen completados, los exiliados regresarían.

El Shemitá guardaba el secreto del momento del juicio de la nación.

El *Shemitá* siempre había estado ligado al momento. Y su momento siempre estaba ligado al número siete. En el año 586 a. C. cuando el *Shemitá* pasó al ámbito de las señales proféticas y el juicio nacional, su manifestación siguió al número siete: setenta años de desolación, años que representaban ciclos de siete años, el periodo en el cual habían sido quebrantados los *Shemitá*: una cadena de sietes a lo largo del tiempo.

Un viaje de sietes

¿Qué sucedería si ahora nos embarcásemos en un viaje comenzando desde el final climático del *Shemitá* y siguiendo un misterio de sietes retrocediendo en el tiempo? Concretamente, ¿y si comenzáramos este viaje en las últimas horas del último día del último *Shemitá*: al final del mayor desplome en puntos de la Bolsa de Valores, justamente cuando alcanzaba el número 777? Es 29 de septiembre de 2008. La hora es 4:00 de la tarde. Suena la campana de cierre. El desplome está terminado. Ahora seguimos una cadena de sietes retrocediendo en el tiempo.

Primera secuencia: la cadena de años

Desde la campana de cierre del desplome, retrocedemos en el tiempo siete años: siete años bíblicos exactos, hasta la hora. ¿Dónde nos lleva eso?

Nos lleva al lunes, 17 de septiembre de 2001, el día del otro gran desplome en puntos en la historia estadounidense. Más precisamente, nos lleva a las 4:00 de la tarde, a la campana de cierre, al último momento del otro desplome. Siete años hebreos nos han llevado desde la campana de cierre y el minuto final de un desplome hasta la campana de cierre y el minuto final del otro.

Segunda secuencia: la cadena de días

Ahora, desde esa marca de siete años, y la campana de cierre del desplome de 2001, seguimos la cadena de sietes retrocediendo en el tiempo una vez más, siete días, hasta el día séptimo. Desde las 4:00 de la tarde del lunes hasta las 4:00 de la tarde del domingo tenemos el primer periodo de veinticuatro horas, el primer día. La cadena entonces procede según esta secuencia:

- Desde las 4:00 de la tarde del domingo hasta las 4:00 de la tarde del sábado: el segundo día.

- Desde las 4:00 de la tarde del sábado hasta las 4:00 de la tarde del viernes: el tercer día.

- Desde las 4:00 de la tarde del viernes hasta las 4:00 de la tarde del jueves: el cuarto día.

- Desde las 4:00 de la tarde del jueves hasta las 4:00 de la tarde del miércoles: el quinto día.

- Desde las 4:00 de la tarde del miércoles hasta las 4:00 de la tarde del martes: el sexto día.

El séptimo día, al regresar en el tiempo, comienza a las cuatro en punto del martes en la tarde. ¿Es esto importante? No podría serlo más. *El séptimo día es el 11 de septiembre de 2001.*

Por tanto, el séptimo día en su totalidad, procediendo atrás en el tiempo, comenzaría a las 4:00 de la tarde del martes (11 de septiembre). El periodo de tiempo incluiría la tarde del martes, la mañana del martes, la noche del lunes (10 de septiembre), y la segunda parte de la tarde. En medio de estas horas es cuando tendrá lugar el ataque del 11 de septiembre. El misterio de los sietes nos ha llevado no solamente al minuto del desplome de la Bolsa de Valores de 2001, sino también al día del ataque: 11 de septiembre.

Tercera secuencia: la cadena de horas

Ahora, ¿qué sucede si seguimos la cadena de sietes una vez más: siete horas? Comenzando a las 4:00 de la tarde del martes en la tarde, 11 de septiembre, y regresando en el tiempo siete horas:

- Desde las 4:00 de la tarde hasta las 3:00 de la tarde: la primera hora.

- Desde las 3:00 de la tarde hasta las 2:00 de la tarde: la segunda hora.

- Desde las 2:00 de la tarde hasta la 1:00 de la tarde: la tercera hora.

- Desde la 1:00 de la tarde hasta las 12:00 de la mañana: la cuarta hora.

- Desde las 12:00 de la mañana hasta las 11:00 de la mañana: la quinta hora.

- Desde las 11:00 de la mañana hasta las 10:00 de la mañana: la sexta hora.

La séptima hora cae en la mañana del martes, entre las 9:00 y las 10:00 de la mañana. ¿Es esto importante? Sí. Este es el periodo de tiempo clave del 11 de septiembre. A medida que se acerca la hora, la primera torre es golpeada. Al comienzo de la hora, la segunda torre es golpeada. Y precisamente antes de que termine la hora, la primera de las torres se habrá desplomado. El misterio de los sietes nos ha llevado de regreso a la mañana y la hora del 11 de septiembre.

Los dos golpes suceden en un espacio de diecisiete minutos. El final de las siete horas nos lleva a las 9:00 de la mañana, y las 9:00 de la mañana cae dentro de los diecisiete minutos entre los dos golpes.

Cuarta secuencia: la cadena de minutos

¿Qué sucede si seguimos el misterio de los sietes hasta el ámbito de los minutos? El misterio ya nos ha llevado hasta las 9:00 de la mañana. El impacto del segundo avión en la torre Sur se produce a las 9:03 de la mañana. Por tanto, la cadena de sietes nos ha llevado desde el desplome del Wall Street en 2008 hasta un punto en el tiempo a menos de cinco minutos desde el ataque.

Si ahora regresamos otros dos ciclos de sietes, ciclos de siete minutos, terminamos a las 8:46 de la mañana, el minuto en el cual tiene lugar el primer golpe: el momento exacto en que comenzó el 11 de septiembre.

Desde la campana de cierre hasta el momento del golpe

Comenzando desde el bíblico "final del año séptimo", el clímax de *Shemitá*, el misterio nos ha llevado desde el número 777 y la campana de cierre de un desplome de la Bolsa de Valores hasta la campana de cierre del otro. Desde ahí, nos ha llevado hasta el día 11 de septiembre de 2001, y entonces hasta la hora del ataque, y después hasta el periodo de minutos entre los dos ataques.

El misterio de los sietes

El misterio del *Shemitá* implica el ataque de los ámbitos financiero y económico de una nación. Y sin embargo, como hemos visto, puede extenderse más allá de esos ámbitos para implicar calamidades nacionales, incluso ataques a ciudades y naciones, como sucedió en el año 586 a. C. y como sucedió el 11 de septiembre de 2001. Y el momento de esas calamidades está contenido dentro del misterio de los sietes del *Shemitá*, en el año 586 a. C. y en el año 2001 d. C.

Entre el desplome de 2008 y el ataque del 11 septiembre hay 2575 días. En esos días hay 3708000 minutos. Y sin embargo, el misterio marca los mayores desplomes en Estados Unidos y el ataque del 11 de septiembre hasta los minutos, si no hasta el minuto.

E incluso sin el misterio de los sietes, tenemos tres de las sacudidas más dramáticas en la historia reciente, el 11 septiembre y el desplome de Wall Street en 2001 y 2008, todos ellos relacionados con el misterio del *Shemitá*, no sólo en su momento sino también en sus orígenes. El desplome al final del *Shemitá* de 2008 estuvo ligado al desplome al final del *Shemitá* en 2001. Ese desplome, a su vez, estaba ligado a lo que sucedió el 11 de septiembre. A la vista de todo esto, una vez más debemos tomar nota del significado profético concreto del *Shemitá*: como la señal de juicio para una nación que ha expulsado a Dios de su vida y ha incorporado ídolos y dioses de abundancia en lugar de Él. En tal escenario aparece la señal como advertencia de cosas que llegarán.

––––––––––––

Ahora estamos a punto de entrar en un nuevo ámbito dentro del misterio del *Shemitá,* un ámbito tan diferente que podríamos preguntarnos cómo podría estar relacionado. Y sin embargo, como veremos, está extrañamente conectado, y concierne al ascenso y caída de naciones hasta nuestra época.

PARTE V

EL *SHEMITÁ* Y EL MISTERIO DE LAS TORRES

Capítulo 16

LA PRIMERA TORRE

Torres

S E HAN ERIGIDO torres desde los puntos centrales de la de civilización desde los tiempos de Egipto y Mesopotamia hacia adelante. Desde el comienzo de la historia registrada han permanecido como símbolos de reinos, imperios, ciudades y culturas: personificaciones de las aspiraciones del hombre, monumentos a la grandeza y la gloria de los poderes que las produjeron.

El Midgalim

Aunque, en la Escritura, las torres pueden erigirse como símbolos de fortaleza y de gloria, con frecuencia se erigen como símbolos de orgullo. La primera torre mencionada en la Biblia es la más famosa de todas las torres y su arquetipo: la Torre de Babel:

> Y dijeron: Vamos, edifiquémonos una ciudad y una torre, cuya cúspide llegue al cielo; y hagámonos un nombre…
>
> —Génesis 11:4

El relato está lleno de temas y repercusiones muy extensos.

- La primera es el tema de la civilización. La torre no está construida en un desierto, sino que aparece dentro de un contexto específico. Primero viene la ciudad y después la torre. Las torres están vinculadas a la civilización; se erigen como símbolo de las civilizaciones de las cuales surgen.

- La segunda es el tema de la grandeza. Al construir la torre, las personas tienen intención de hacerse un nombre para sí mismas. La torre es la personificación de las aspiraciones de grandeza del hombre.

- El tercer tema entrará en juego más adelante.

La palabra para torres en hebreo es *migdalim*, el plural de *migdal*. La palabra *migdal* viene de la raíz hebrea *gadal*, que puede traducirse como:

- "Aumentar"

- "Ser levantado"

- "Ser ascendido"

- "Ser magnificado"

- "Ser agrandado"

- "Llegar a ser grande"

En hebreo, incluso la palabra para torres está ligada a la grandeza. Esto tiene un paralelismo con la antigua función de las torres como monumentos y testamentos a la grandeza. Incluso en nuestra época, las mayores de las torres invariablemente operan en cierto sentido como símbolos de grandeza. En los últimos miles de años de la historia, las catedrales constituían las mayores estructuras hechas por el hombre en la tierra. En consonancia, durante la mayor parte de este periodo, la Iglesia institucionalizada de Europa constituyó uno de los mayores centros de poder en la tierra. Pero en la segunda parte de los últimos miles de años, las catedrales han sido sustituidas por edificios seculares como las estructuras o edificios más altos hechos por el hombre en la tierra. Las torres revelan un cambio masivo desde el poder eclesiástico al poder secular.

Considerando la conexión entre torres y grandeza, y la conexión en el hebreo bíblico, ¿podría reflejar el levantar torres la "elevación", el "llegar alto", o el ascenso a la grandeza de naciones?

El primer rascacielos del mundo

En el siglo XIX se desarrolló una nueva manera de construcción. En lugar de utilizar muros para soportar el peso del edificio, el edificio sería sostenido por una estructura interior de hierro o acero. Eso no era solamente más práctico, sino también permitía que los edificios se elevasen más alto que nunca antes, allanando el camino para la creación del rascacielos.

A finales de la década de 1860 la construcción comenzó lo que muchos han considerado el primer rascacielos del mundo.

Fue construido sobre terreno estadounidense. Se llamó el
Edificio Equitable Life Assurance. Está considerado el primer
edificio del mundo en combinar grandes alturas, pisos utiliza-
bles, una construcción ignífuga ligera, y una estructura ligera
de metal como marco interior. También fue el primer edificio de oficinas del mundo en tener elevadores para las personas. Fue construido en la ciudad de Nueva York en el 120 de
Broadway. También fue el edificio más alto de la tierra que no
era una catedral. Y su construcción no fue un fenómeno ais-
lado, sino el comienzo de muchos edificios de esas alturas.

La torre elevada y el cambio de poder mundial

A la vista de la conexión bíblica de las torres con el aumento,
la grandeza y la elevación, ¿es posible que la construcción de
esta torre sin precedentes en la ciudad de Nueva York esté relacionada con un paralelo cambio y transferencia de poder
mundial?

La construcción del que algunos consideran el primer rascacielos del mundo en la ciudad de Nueva York señaló el final
del reinado de Europa como la tierra de los edificios más altos
de la tierra. La torre, que se erigió en el 120 de Broadway, proclamó la era en que las torres estadounidenses reinarían de
manera suprema sobre todos los demás edificios de la tierra,
sin importar su tipo.

¿Reflejó este cambio en las torres del mundo un cambio
también en el poder mundial? Si ese es el caso, el cambio re-
flejaría un cambio del viejo mundo al nuevo. ¿Tuvo lugar un
cambio así?

En las últimas décadas del siglo XIX tuvo lugar una dramática transformación en el mundo. El periodo vio el ascenso
de la economía industrial de Estados Unidos, su agricultura a
gran escala, sus grandes negocios y la mayor expansión económica en la historia estadounidense. ¿Cuándo comenzó?

El año reconocido como su punto de comienzo es 1870, el

mismo año en que la torre estadounidense fue terminada. La torre marcó el comienzo de la "Edad Dorada", la masiva transformación de la nación hacia una potencia industrial. La construcción de la torre coincidió con el ascenso del poder mundial estadounidense.

Incluso más concretamente, la torre fue terminada a mitad de 1870, el día 1 de mayo. Tras bambalinas se estaba produciendo un cambio. Ese cambio alteraría profundamente el curso de la historia mundial durante el siglo siguiente y más adelante. El año que marcó este cambio colosal comenzó siete meses después de que la torre fuese terminada.

En 1871 Estados Unidos adelantó al Imperio Británico para convertirse en la nación con la mayor economía de la tierra. Uno de los significados de *gadal*, de la cual viene la palabra hebrea para torre, es "hacer grande". Y eso es exactamente lo que sucedió. En 1870 la torre fue terminada. En 1871 Estados Unidos se había convertido en la mayor potencia económica de la tierra. Había sido extendida, elevada y engrandecida.

Este cambio de poder mundial en 1870-1871 produciría amplias repercusiones en la historia del mundo. Determinó el curso de la Primera Guerra Mundial, la Gran Depresión, la Segunda Guerra Mundial, la Guerra Fría, y la era moderna tal como la conocemos.

El ascenso de las torres

La torre de 1870 marcó el comienzo de una nueva era. Marcó no solamente la emergencia de Estados Unidos como la potencia económica más fuerte de la tierra, sino también la preeminencia de Estados Unidos con respecto a las torres. Desde el momento de su finalización en adelante, Estados Unidos sería la tierra de los edificios más altos de la tierra. Mantuvo esta distinción durante más de un siglo, de manera continua y sin ningún desafío serio. A medida que las torres más altas de la tierra siguieron erigiéndose en tierra estadounidense, así también Estados Unidos mismo siguió ascendiendo en poder y preeminencia en el escenario mundial.

A medida que progresaba el siglo XX, el misterio de antaño que vinculaba *migdal*, la torre, con *gadal*, grandeza, siguió manifestándose. El ascenso de las torres se equipararía al ascenso del poder mundial estadounidense. Y al igual que las torres estadounidenses alcanzaban alturas nunca antes logradas en la historia humana, así también Estados Unidos mismo estaba logrando alturas de poder que ninguna nación o imperio en la historia del mundo había alcanzado jamás.

El misterio de las torres, que comenzó en el antiguo Oriente Medio, ahora se manifestaba en el mundo moderno y en tierra estadounidense. El misterio se mantuvo en el centro del cambio más masivo de poder mundial en la historia moderna. Estuvo detrás de la emergencia de lo que llegaría a conocerse como "el siglo americano". Y sus repercusiones tocaron cada parte del planeta.

Pero a medida que el siglo XX se fue acercando a su fin, habría un nuevo desarrollo en el misterio. Y ese cambio tendría repercusiones profundas con respecto a nuestro tiempo y el futuro de Estados Unidos y del mundo.

Al acercarnos hacia estas repercusiones y lo que revelan con respecto al futuro, antes debemos responder una pregunta: ¿Qué tiene que ver el misterio de las torres con el *Shemitá*?

Capítulo 17

LAS CUATRO TORRES

Los días de las torres altas

COMENZANDO CON SU ascenso a superpotencia económica y a lo largo del siglo XX, Estados Unidos erigió las torres más altas en la tierra, cada vez más y más altas. Al comienzo del siglo XX construyó el edificio más alto de cualquier tipo, sobrepasando a la catedral de Ulm en Alemania. Y entonces, a comienzos de la década de 1930, levantó la estructura más grande hecha por el hombre, sea rascacielos o de otro tipo, sobre el planeta.

Paralelo al ascenso de Estados Unidos a potencia mundial estuvo el ascenso de la ciudad de Nueva York. Conforme Estados Unidos se convirtió en la mayor potencia de la tierra, la ciudad de Nueva York se convirtió en la principal de las ciudades. En el siglo XX la ciudad llegaría a ser el centro financiero mundial, el centro cultural mundial, y a los ojos de muchos, la capital mundial: el punto central del poder mundial.

Según el misterio, no debería sorprendernos que en este mismo periodo también llegase a ser la ciudad con las torres más altas de la tierra. Una cantidad desproporcionada de los edificios más altos del mundo ahora se elevaban desde su suelo. Durante gran parte del siglo XX pudo presumir de tener once de los edificios más altos del mundo.

A medida que las torres de Estados Unidos alcanzaban cada vez mayores alturas, así también lo hacían los poderes de la nación. El ascenso de Estados Unidos al escenario mundial sería dramáticamente impulsado y acelerado por dos guerras mundiales. Entre ambas guerras, en el centro del periodo, hubo una explosión sin precedente de actividad en la construcción de las torres más altas del mundo. Tuvo lugar en los años 1930 y 1931. En ese breve espacio de tiempo, no menos de cuatro estructuras diferentes mantuvieron el título de "el edificio más alto del mundo"; todas ellas en Estados Unidos, todas ellas en la ciudad de Nueva York.

El periodo de 1930-1931 tuvo otra distinción. Fue el tiempo del *Shemitá*.

Las tres primeras torres

La primera de las cuatro torres fue el edificio Woolworth; terminado en 1913, justamente antes del comienzo de la Primera Guerra Mundial, alcanzó la altura de 791 pies (241 metros).

En la primavera de 1930 fue sobrepasada por la segunda torre, el edificio Bank of Manhattan Trust Building, que alcanzó una altura de 928 pies (282 metros). Su reinado sería breve. Menos de treinta días después de su finalización fue sobrepasada por la tercera torre.

En su finalización en mayo de 1930, el Edificio Chrysler se convirtió no sólo en el edificio más alto del mundo sino también, sobrepasando a la torre Eiffel en Francia, en la estructura más alta hecha por el hombre del planeta. Fue también la primera estructura hecha por el hombre en la tierra en sobrepasar una altura de 1.000 pies (305 metros).

En el año 1930, en el tiempo en que se aproximaba el *Shemitá*, tres torres diferentes llevaron la corona del edificio más alto del mundo. Pero cuando comenzó el *Shemitá*, anunció la mayor de las cuatro torres y la que llegaría a convertirse en uno de los edificios más famosos que fueron levantados por manos humanas.

La cuarta torre

El Empire State se comenzó a construir en enero de 1930 y se terminó en la primavera de 1931, en medio del *Shemitá* de 1930-1931. Alcanzaría una altura de 1250 pies (381 metros) en su piso superior y 1454 pies (443 metros) en lo alto de su antena. La finalización del Empire State marcaría el final del periodo más intenso de elevación de torres en la historia humana. Ningún otro edificio fue rival de su altura durante años venideros. Reinó como el edificio más alto del mundo durante cuatro décadas, más tiempo que ningún otro edificio en el siglo XX.

El Empire State Building se convirtió en un icono estadounidense y global. Sería denominado "la octava maravilla del mundo". Permaneció como un símbolo no sólo del logro humano sino, concretamente, del logro estadounidense. Personificaba las elevadas alturas, el poder sin precedente y la magnitud sin paralelo que la civilización estadounidense había alcanzado.

Era un símbolo adecuado para lo que estaba a punto de suceder. Con la llegada de la Segunda Guerra Mundial, Estados Unidos sería elevado a alturas de poder que ninguna otra nación había conocido jamás. Y la torre que estaba en medio de su mayor ciudad se convirtió en el símbolo más visible y potente de ese ascenso y de esas alturas.

Con el final de la Segunda Guerra Mundial, la ciudad de Nueva York explotaba de celebraciones de victoria. Llegó una nueva era en la que Estados Unidos sería la cabeza de las naciones. En medio de las celebraciones estaba la altísima torre de la nación, dominando el paisaje de la ciudad y dando testimonio de la antigua conexión que vinculaba la torre de una civilización con su grandeza.

La torre y el *Shemitá*

La conexión del Empire State Building y el *Shemitá* bíblico no fue solamente de tiempo sino también de circunstancia. En el momento de su ascenso, Estados Unidos estaba en estado de desplome financiero y económico. La torre fue construida en las profundidades de la Gran Depresión.

El contraste no podía haber sido más discordante: una nación que se hunde en los abismos del desplome económico y una torre colosal que se levanta en medio de ella. Debido a la Gran Depresión sucedió que, un año después de su finalización, el Empire State Building permanecía abrumadoramente vacío. La torre presumía de la gloria de Estados Unidos, la grandeza de sus poderes, la inmensidad de sus recursos, y las alturas de su elevación. La Depresión, por otro lado, declaraba un mensaje diferente. Testificaba de la debilidad de una nación, de su pobreza, sus incapacidades y el desplome de su prosperidad. Estados Unidos finalmente se recuperó de la Depresión y continuó su largo ascenso hasta las alturas del poder mundial. Pero la conexión que vinculaba el ascenso de las torres de la nación y el *Shemitá* continuó.

En tiempos futuros, surgiría otro edificio que, de igual manera, presumiría la grandeza de la nación. Pero, como veremos, el misterio del *Shemitá* dio forma a su ascenso. Mientras que las torres, por naturaleza, hablan de poder y gloria, el *Shemitá* habla de algo muy diferente. Recuerda a una nación que sus bendiciones y poderes provienen solamente de Dios. Y sin Dios, deben caer.

Las torres y el día de advertencia

El presagio revela una advertencia profética dada a Estados Unidos en su primer día completo como nación plenamente formada. La advertencia es paralela al mensaje del *Shemitá*. En efecto, fue la siguiente: las bendiciones de Estados Unidos vienen de Dios. Si la nación alguna vez se aleja de Dios y rechaza sus caminos, entonces las bendiciones de Dios serán eliminadas de la tierra.

El presagio revela la fecha en la cual fue dada la advertencia: 30 de abril de 1789.[1] La fecha reaparecerá en el misterio de las torres, particularmente en los años clave de 1930 y 1931. El reinado de la primera de las cuatro torres llegó a su fin el 30 abril de 1931, el aniversario de la advertencia profética. La segunda torre no sólo fue terminada en el aniversario de la advertencia, sino que también se erigió sobre el mismo terreno sobre el cual fue dada esa advertencia. El reinado de la segunda torre terminó poco después con la finalización de la tercera torre aquella misma primavera. La tercera torre permaneció como el edificio más alto de la tierra durante un año. Su reinado, a su vez, llegaría a su final esa misma fecha, el 30 abril, la fecha de la advertencia profética. Porque fue el día 30 abril cuando el Empire State Building se convirtió en el edificio más alto de la tierra.

La última torre

Años más tarde, después de que el World Trade Center fuese destruido el 11 de septiembre, el Empire State Building de nuevo logró preeminencia como el edificio más alto en el paisaje de Nueva York. En 2012, la torre levantada en la Zona Cero finalmente sobrepasó al Empire State Building para convertirse en el edificio más alto en el paisaje de Nueva York. ¿Qué día sucedió eso? Tuvo lugar en la fecha dada en *El presagio*, 30 de abril, y que se había publicado cuatro meses antes. El Empire State Building fue superado exactamente en la misma fecha en la cual él mismo había superado al edificio Chrysler como el edificio más alto de la tierra. El edificio Chrysler, a su vez, se convirtió en el edificio más alto del mundo después de superar a quien mantenía ese título anteriormente, que había sido completado también en esa misma fecha, la fecha en la cual había sido dada la advertencia profética a Estados Unidos.

Por tanto, cada una de las cuatro torres había comenzado su reinado o terminado su reinado la fecha del mensaje profético, cuando Estados Unidos fue advertido respecto a alejarse de Dios. Ahora la quinta torre había superado al Empire State también en la misma fecha.

El misterio de las torres está vinculado a una advertencia nacional; y al *Shemitá*. Las torres presumían de las impresionantes alturas a las que se había elevado la civilización estadounidense, pero el *Shemitá* recuerda a una nación que todas sus bendiciones vienen de Dios, y que sin Él no pueden permanecer. El mensaje profético advertía de modo similar que si Estados Unidos se alejaba alguna vez de Dios, esas bendiciones llegarían a su fin.

Con la finalización del Empire State en 1931, los días de las torres altas llegaron a un final; hasta la construcción del World Trade Center. Por tanto, el *Shemitá*, en el cual se erigieron las últimas y más altas torres de Estados Unidos, llegó también a un final. Su final llegó, desde luego, el 29 de Elul. Pero en el calendario occidental: el *Shemitá* que puso fin al tiempo de las torres altas fue 11 de septiembre.

-- -- -- -- -- -- -

Cuando Estados Unidos asumió el título de cabeza de naciones, el misterio de las torres tendría consecuencias incluso más críticas y proféticas. Se levantaría otro edificio, formado por dos torres, que quitaría la corona al Empire State Building. En su ascenso, el misterio del *Shemitá* y el misterio de las torres se unirían. Y su caída sería la señal del comienzo de los presagios y los días de advertencia de juicio nacional.

Capítulo 18

LAS TORRES DE HEGEMON

El apogeo americano

ERA EL AÑO 1945. Estados Unidos había salido de la Segunda Guerra Mundial habiendo obtenido una posición única descrita en las Escrituras más de tres mil años atrás como "la cabeza de naciones". Sus navíos patrullaban las aguas del mundo, su divisa sostenía el sistema financiero mundial, el fruto de su comercio y su cultura saturaba la tierra, y su ejército desempeñaba el supuesto papel estadounidense como "el policía del mundo". Había alcanzado un nivel de relativo poder y hegemonía global sin precedentes en la historia del mundo.

La antigua conexión entre la grandeza de una nación y la construcción de torres ahora permitía que se erigiera un nuevo edificio que personificara el papel de Estados Unidos como cabeza de las naciones y la columna central del nuevo orden global. ¿Podría ahora levantarse una torre o torres relacionadas con el nuevo apogeo de poder mundial de Estados Unidos?

La concepción

En julio de 1944, anticipando el final de la Segunda Guerra Mundial, representantes de cuarenta y cuatro países se reunieron en Bretton Woods, New Hampshire, para poner el fundamento de un nuevo orden económico global basado en el dólar estadounidense y para la reconstrucción de economías nacionales que habían quedado devastadas por la guerra. La respuesta, creían ellos, era ampliar el comercio internacional. Y Estados Unidos sería el centro del comercio mundial de la nueva era.

En 1945, el año del fin de la guerra y del ascenso de Estados Unidos a superpotencia, David Scholz, exgobernador de Florida y desarrollador inmobiliario, propuso por primera vez el concepto de un "centro de comercio mundial" en el bajo Manhattan cerca de Wall Street para fomentar el comercio y la actividad portuaria en la ciudad. El plan era parte de una serie de proyectos enfocados a alentar el comercio mundial y cimentar el papel de Estados Unidos en el nuevo orden mundial.

En 1946, la legislatura del Estado de Nueva York autorizó la creación de World Trade Corporation para desarrollar el World Trade Center. Ese mismo año se asignaron fondos para comprar tierra a lo largo del río East donde construir las oficinas centrales de las Naciones Unidas, también en la ciudad de Nueva York. Ambos proyectos afirmarían la nueva posición de Estados Unidos como centro mundial.

El World Trace Center fue concebido en 1945 en el apogeo

del poder de Estados Unidos; 1945 fue también el año del *Shemitá*.

La construcción

En 1958, David Rockefeller produjo un plan maestro para la transformación del bajo Manhattan. El plan incluía un complejo de oficinas dedicado al mercado mundial. En noviembre de ese mismo año, Nelson Rockefeller fue elegido gobernador de Nueva York. En 1961 se firmó la ley para el World Trace Center por el gobernador Rockefeller y el gobernador de Nueva Jersey, Richard Hughes. Se propuso una nueva ubicación para el centro de comercio, un terreno de dieciséis acres a lo largo del río Hudson.

En marzo de 1966, el Tribunal de Apelaciones del Estado de Nueva York rechazó el último desafío legal para el World Trade Center. Esto allanó el camino para que comenzase la construcción. Según los planes, el World Trade Center estaría formado por dos torres centrales. El 21 de marzo de 1966, comenzó la demolición para eliminar trece bloques de edificios bajos en Radio Row. El 5 de agosto de 1966, un gigantesco muro de cemento fue hundido en el terreno como parte de los cimientos; 1966 fue también el año del *Shemitá*.

El *Shemitá* comenzó el 27 de septiembre de 1965, y llegó a su conclusión el 14 de septiembre de 1966. En la mitad del *Shemitá* comienza la obra sobre lo que será el terreno de la construcción. Y antes de que el *Shemitá* llegue a su fin, comienza la construcción.

Por tanto, la construcción del World Trade Center comienza en el año del *Shemitá*.

La finalización

El trabajo con el acero comenzó en la torre norte en agosto de 1968 y en la torre sur en enero de 1969. El 23 de diciembre de

1970 se pusieron en su lugar las columnas finales de la torre norte en el piso 110. En julio de 1971 tuvo lugar una ceremonia de culminación en la torre sur.

En 1972, con los pisos superiores de la torre norte ahora completados, los cuarenta años de reinado del Empire State Building llegaron a su fin. El World Trade Center se convirtió en el edificio más alto de la tierra.

El World Trade Center y sus torres gemelas fueron finalizadas oficialmente e inauguradas en una ceremonia de dedicación y corte de la cinta realizada por la autoridad portuaria el 4 de abril de 1973; 1973 fue también el año del *Shemitá*.

El *Shemitá* había comenzado el 9 de septiembre de 1972. Concluiría el 26 de septiembre de 1973. Ese mismo año, el World Trade Center superó al Empire State para convertirse en el edificio más alto de la tierra. En cuanto a 1973, fue el año en que las torres gemelas fueron oficialmente terminadas y dedicadas en abril, en el centro del *Shemitá*.

Así, el World Trade Center fue finalizado y dedicado en el año del *Shemitá*.

La destrucción

Un día cálido y casi sin nubes en el cielo en septiembre de 2001 a las 8:46 de la mañana, el vuelo 11 de American Airlines, un Boeing 767, se chocó contra la torre norte del World Trade Center. Casi diecisiete minutos después, a las 9:03 de la mañana, el vuelo 175 de United Airlines, otro Boeing 767, se chocó contra la torre sur. A las 9:59 de la mañana, la torre sur se derrumbó en medio de una inmensa nube de polvo, y a las 10:28 de la mañana, la torre norte se derrumbó.

El que antes se había erigido como el edificio más alto de la tierra ya no estaba. Lo que había sido concebido en el mismo momento en la historia en que Estados Unidos asumió su papel de superpotencia mundial, ahora se había desvanecido en una nube de polvo blanco. Y lo que había permanecido como un monumento a la preeminencia global de Estados Unidos y al orden mundial dirigido por Estados Unidos, ahora estaba en ruinas. El año 2001 marcó la caída del World Trade Center; 2001 fue también el año del *Shemitá*.

El *Shemitá* había comenzado el 30 de septiembre de 2000. Concluiría el 17 de septiembre de 2001. El 11 de septiembre tuvo lugar el 23 de Elul en el antiguo calendario, en la última semana climática del *Shemitá*. Por tanto, el World Trade Center fue destruido en el año del *Shemitá*.

Los dos misterios

Tenemos el misterio del *Shemitá* y el misterio de las torres que convergen en el World Trade Center y conducen al día en el cual cayeron las Torres, en septiembre de 2001. Las conexiones que vinculan al World Trade Center con el misterio de antaño son notables en su coherencia. El World Trade Center:

- Fue concebido en el *Shemitá* de 1945.

- Comenzó en el *Shemitá* de 1966.

- Fue construido en un periodo de siete años comenzando y terminando en el año del *Shemitá*.

- Fue finalizado y dedicado en el *Shemitá* de 1973.

- Fue destruido en el *Shemitá* de 2001.

- - - - - - - - - - - - -

Pero ¿qué hay detrás de este fenómeno? ¿Y cuál es su significado y su mensaje, o su advertencia, para Estados Unidos y el mundo?

Capítulo 19

EL MISTERIO DE LAS TORRES

La promesa

¿CUÁL ES LA relación entre el misterio del *Shemitá* y el de las torres, y cuál es su significado?

Para encontrar la respuesta debemos regresar a la antigua promesa declarada después del ataque en la tierra, la primera advertencia masiva de juicio futuro de Israel. Aquí está el contexto de aquella promesa:

> El Señor envió palabra a Jacob, y cayó en Israel. Y la sabrá
> todo el pueblo, Efraín y los moradores de Samaria, que

175

con soberbia y con altivez de corazón dicen: Los ladrillos
cayeron, pero edificaremos de cantería...

—Isaías 9:8-10

La promesa es introducida con las palabras: *"que con soberbia y con altivez de corazón dicen..."*. ¿Qué tiene que ver
esto con el misterio de las torres? La relación no es visible en
español; pero aparece en el hebreo original.

La conexión Godel

En el lenguaje original, la palabra traducida como "altivez" es
la palabra hebrea *godel*. *Godel* puede traducirse como "grandeza" o "altivez". Viene de la raíz *gadal*. Ya hemos visto antes
esta palabra. *Gadal* es la misma palabra de la cual obtenemos
migdal, la palabra hebrea para torre. De modo similar, la palabra *gadal* no sólo habla de magnitud, ampliación y grandeza,
sino también de altivez, arrogancia y orgullo. Por tanto, una
torre puede simbolizar la magnitud, ampliación y grandeza de
una civilización, pero también puede simbolizar su altivez, su
arrogancia y su orgullo.

Esto es doblemente sorprendente, ya que el misterio de *El
presagio* conecta la antigua promesa de Isaías 9:10, declarada
en la estela del antiguo ataque, con la destrucción de las torres
en el ataque del 11 de septiembre. Y en el hebreo original, la
palabra que describe la altivez con que se declaró esta promesa
está vinculada a la palabra hebrea para torre, precisamente el
objeto destruido el 11 de septiembre.

El espíritu de Babel

La conexión entre torres y orgullo estaba también en la primera torre que se registra en la Escritura y en las palabras con
las cuales comenzó su construcción:

Vamos, edifiquémonos una ciudad y una torre, cuya
cúspide llegue al cielo; y hagámonos un nombre...
—Génesis 11:4

Este es el tercer tema personificado por las torres: el tema
del orgullo. El propósito de la torre de Babel era el de capacitar
a sus constructores para "hacerse un nombre" para sí mismos.
¿Cómo? Al erigir "una torre, cuya cúspide llegue al cielo". La
torre de Babel era el esfuerzo del hombre por ascender al cielo
mediante su propia voluntad y capacidades, su esfuerzo por
igualarse a Dios. Babel fue el intento del hombre para llegar a
la deidad. Fue construida en el mismo espíritu de desafío que
el que impulsó la reconstrucción en Isaías 9:10.

Pero esto nos lleva a otro tema. La construcción de la torre
de Babel produce juicio. La reconstrucción de Isaías 9:10 también produce juicio. Una torre puede que se convierta en la
personificación del orgullo y la altivez; y en tal caso, una torre
puede llegar a convertirse en el punto focal del juicio.

La torre y el *Shemitá*: el significado de los misterios

¿Cuál es la conexión entre el misterio del *Shemitá* y el de las
torres?

Las torres son símbolos de grandeza y con frecuencia de
orgullo.
*El Shemitá actúa para quebrantar el orgullo del hombre,
humillar a una nación y producir humildad.*

Las torres se levantan como monumentos al poder y la
gloria del hombre o de una civilización.
*El Shemitá recuerda al hombre su debilidad o a una nación
su total dependencia de Dios.*

Las torres se levantan como testamentos a la prosperidad y la riqueza de una nación.

El Shemitá recuerda a esa nación que la fuente de sus bendiciones viene de Dios, y sin Él esas bendiciones no pueden permanecer.

Las torres presumen de las afirmaciones de dominio y soberanía del hombre.

El Shemitá llama al hombre a ceder sus afirmaciones de dominio y soberanía delante de la soberanía y el dominio de Dios

Se levanta una torre.

El Shemitá se trata de dejarla... caer.

Una torre puede representar el ascenso al poder de una nación.

El Shemitá en forma de juicio está vinculado a la caída de tal nación.

Una torre representa una edificación.

El Shemitá produce la eliminación de lo que ha sido edificado.

Una torre manifiesta la búsqueda de la altura, la meta de subir cada vez más alto desde el fundamento.

El Shemitá manifiesta un regreso al fundamento.

Cuando el juicio de Dios cayó sobre la tierra de Israel, aquello que la nación construyó fue eliminado, y sus edificios fueron nivelados.

Cuando llega el Shemitá, aquello que la nación ha construido en sus ámbitos financiero y económico es eliminado. Nivela las cuentas y sitúa a nivel del suelo todo lo que ha sido construido en los años antes de su llegada.

Una caída de una torre puede llegar en forma de un derrumbe o desplome.

El impacto del Shemitá en el ámbito financiero produce aquello que, en efecto, constituye una caída, un desplome y un derrumbe.

El shamat

La palabra *shemitá* viene de la raíz hebrea *shamat*. *Shamat* puede traducirse como "liberar" y "remitir", como en la liberación o remisión de las deudas en el año del *Shemitá*. También puede significar "soltar", como en ya no vigilar o mantener aquello que había sido vigilado y mantenido. Puede significar la liberación del agarre de alguien para permitir que el curso natural de las cosas progrese y las consecuencias naturales caigan. También puede significar "separar"; puede significar "aflojar", y también puede significar "sacudir", "derrocar", "derribar", "discontinuar", "dejar caer" o "desplomarse".

Todas estas cosas pueden aplicarse a la ordenanza del *Shemitá*. Las personas tenían que liberar y soltar sus afirmaciones de posesión, dejar caer sus cuentas de crédito y débitos, y separarse de su tierra y dejarla a su curso natural.

Pero cuando el *Shemitá* se manifiesta en forma de juicio, todas estas cosas adoptan un nuevo significado y nuevas manifestaciones. En el año 586 a. C. el *Shemitá* se manifestó en forma de juicio. Dios "liberó su agarre" de la nación; Él "separó" y retiró su protección. Los ejércitos de Babilonia entonces sobrepasaron sus fronteras. La nación fue sacudida hasta sus fundamentos. Se le permitió caer. Fue derrocada, derribada. El reino se desplomó; fue discontinuado. Este fue el *Shemitá*, o el *shamat*, en forma de juicio.

"Sobre toda torre alta"

Es sorprendente que una de las señales bíblicas de juicio sea
golpear aquello que ha sido levantado y el derribo de aquello
que es alto y elevado:

> Porque día de Jehová de los ejércitos vendrá sobre todo
> soberbio y altivo, sobre todo enaltecido, y será aba-
> tido... *sobre toda torre alta...*
> —Isaías 2:12-15, énfasis del autor

Desde tiempos de antaño hasta el mundo moderno, aquello
que es más "enaltecido" y aquello que es más "soberbio y altivo"
es la torre. Por tanto, una de las señales bíblicas más claras de
una nación bajo juicio es el derribo de sus "torres altas".

Los días del fin de la gloria

Hemos visto la antigua conexión entre torres y grandeza, y
entre la primera torre alta de la edad moderna y el ascenso
de Estados Unidos como potencia mundial. El año en el cual
convergieron ambas cosas, 1870, fue el comienzo de una nueva
era. Las torres más altas de la tierra siguieron elevándose en
suelo estadounidense a medida que Estados Unidos mismo siguió ascendiendo en el escenario mundial. Desde 1870 y a lo
largo de la mayor parte del siglo XX, cada edificio que tenía
el título de ser el más alto del mundo había sido levantado en
tierra estadounidense. La mayoría de ellos se habían erigido en
la ciudad imperio de la nación: Nueva York.

Pero a medida que el siglo XX se acercaba a su fin, tuvo
lugar un cambio; la era de Estados Unidos como la tierra de
las torres altas de la tierra llegó a su fin. Los edificios más altos
del mundo ahora estaban construidos en otras tierras. En 1998,
las Torres Petronas en Malasia superaron la altura de la mayor
torre estadounidense, para convertirse en el edificio más alto
de la tierra. En 2003, el World Financial Center de Taipei en

China superó a las Torres Petronas para convertirse en la torre más alta del mundo. Y en 2010 el Burj Khalifa en los Emiratos Árabes Unidos superó al World Financial Center para convertirse en el edificio más alto de la tierra. La época en que las torres de Estados Unidos estaban por encima de todas las demás había terminado. Lo que había comenzado en el siglo XIX ahora había terminado. Los edificios más altos del nuevo milenio estaban ahora ascendiendo sobre tierras asiáticas.

¿Y qué del antiguo vínculo entre torres y grandeza? Si la elevación del primer rascacielos del mundo marcó el ascenso de Estados Unidos, si el continuo ascenso de los edificios más altos del mundo sobre tierra estadounidense marcó el continuo ascenso de Estados Unidos hasta alturas sin precedentes de poder mundial, entonces ¿qué significaba ahora que las torres más altas de Estados Unidos estuvieran siendo eclipsadas por las de otras tierras y naciones? ¿Qué conllevaba eso?

La cita anterior de los edificios más altos del mundo está basada en la altura del elemento arquitectónico más alto en cada edificio. Si se utiliza un criterio diferente, el de la altura de la cima del edificio, incluida su antena, entonces el World Trade Center siguió siendo el edificio más alto en Estados Unidos hasta el final del siglo. De hecho, siguió siendo el edificio más alto del mundo. Su reinado entonces terminó solamente en el año 2000. Fue un año significativo en el cual terminar, ya que 2000 fue el año en el que comenzó el *Shemitá*.

El misterio del *Shemitá* y la caída de las torres

Para la nación que ha apartado de su vida al Dios que antes había conocido, ha rechazado sus caminos, ha desafiado su voluntad y se ha endurecido a su llamado, el *Shemitá* se manifiesta en forma de juicio. Al entrar en el tercer milenio, Estados Unidos era una nación así. El *Shemitá* comenzó en septiembre de 2000 y llegó a su conclusión climática en septiembre de 2001. Si el *Shemitá* fuera a manifestarse en Estados Unidos como una señal de juicio, ¿como se manifestó esa señal de juicio en septiembre de 2001?

A la vista de lo que puede significar el *Shemitá*, ¿y si, en el año del *Shemitá* de 2001, Dios "soltó" a la nación que le había expulsado de su vida, de su cultura y de sus plazas públicas? ¿Y si Dios "soltó su agarre" de Estados Unidos, si "alejó" su protección de esa nación, incluso por un momento? ¿Y si permitió que una nación, que se había endurecido y ensordecido al llamado de su voz, fuese ahora "sacudida"?

Los misterios de septiembre

Los eventos del 11 de septiembre de 2001 tuvieron lugar en la última semana climática del *Shemitá*. En esa semana todo se unió: el misterio de las torres y el misterio del *Shemitá*. Las torres gemelas se desplomaron cuando el *Shemitá* avanzó hasta su final climático. ¿Qué sucede cuando los dos misterios convergen? Tenemos la torre, que se levanta como símbolo de la grandeza de una nación y la personificación de su orgullo. Y tenemos el *Shemitá*, lo que humilla el orgullo de una nación y lo que recuerda a una nación que sin Dios, todas sus bendiciones y poderes deben fallar. La torre habla de elevación. El *Shemitá* habla de caída y eliminación de aquello que ha sido construido. La torre se eleva lejos de su cimiento. El *Shemitá* lleva de nuevo todas las cosas al fundamento. Según el misterio de antaño y las palabras de los profetas, el día del Juicio, aquello que es "elevado y altivo" es humillado, aquello que es "elevado" es allanado, y aquello que es "exaltado" es derribado. El día de calamidad llega específicamente contra "las torres altas" de la tierra. En ese día del juicio de una nación, sus torres altas caen. El 11 de septiembre de 2001, en los días del clímax del *Shemitá*, las torres altas de Estados Unidos fueron derribadas.

En septiembre de 2001 el efecto del *Shemitá*, como se revela en su raíz, *shamat*, fue manifestado. Fue el día de la sacudida de Estados Unidos, fue el día en que aquello que había sido construido fue eliminado. En septiembre de 2001, "se permitió caer" a las torres altas de Estados Unidos. El World Trade Center fue "derribado". Sus altas torres gemelas se "desplomaron", convirtiéndose en polvo.

Todo ello tuvo lugar a días del final del año séptimo cuando el impacto del *Shemitá* golpea el ámbito financiero: el día de Remisión, cuando las cuentas financieras son canceladas. Eso llegaría al siguiente lunes con el mayor desplome en puntos de la Bolsa de Valores en la historia de Wall Street.

Los dos desplomes del *Shemitá*

Cuando la Biblia habla del 29 de Elul, el día de Remisión, la palabra utilizada es *shamat*. Esa palabra también describe lo que le sucedió al ámbito financiero el 29 de Elul de 2001. Se produjo una "gran retirada" en Wall Street. Los mercados financieros del mundo fueron sacudidos. Fortunas fueron "derribadas". "Se permitió caer" a Wall Street. Y el ámbito financiero del mundo se "desplomó".

Los dos desplomes

Si miramos un gráfico de la Bolsa de Nueva York en los años de los dos últimos *Shemitás*, encontraremos dos grandes picos. La imagen se parece a cumbres de montañas o algo parecido a un paisaje de picudos rascacielos.

La eliminación de alturas

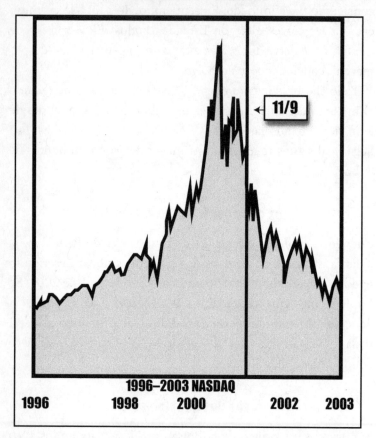

El juicio implica el derribo de aquello que ha sido elevado. El *Shemitá* implica la eliminación de aquello que sido construido. Cuando comienza el *Shemitá*, los picos de Wall Street comienzan a descender, a ser allanados. Y a medida que el *Shemitá* alcanza su último día climático, las líneas se desploman de manera dramática.

El 11 de septiembre Wall Street fue cerrado, y su reapertura fue el 17 de septiembre, el último día climático del *Shemitá*. Por tanto, fue el primer día en que Wall Street soportó el impacto financiero del 11 de septiembre. El mayor desplome en puntos de la Bolsa de Valores en la historia fue el reflejo del 11 de septiembre en el ámbito financiero. Los dos eventos estaban vinculados.

Incluso visualmente, el desplome de las torres se refleja en la caída en picado del gráfico al lado de un pico financiero que fue una vez colosal. El *Shemitá* elimina aquello que ha sido construido, ya sea la riqueza del ámbito financiero y económico de una nación o las torres físicas que personifican esos ámbitos.

Por tanto, en el clímax del *Shemitá* de 2001 se produjeron dos caídas: el desplome más colosal de la Bolsa de Valores en la historia de Wall Street y el desplome físico más colosal en la historia estadounidense cuando las dos torres se derrumbaron cayendo a la tierra: la implosión y el desplome del ámbito financiero, y la implosión y el desplome en el ámbito físico, unidos en el "dejar caer" del *Shemitá*.

La caída de los símbolos

Lo que antes se había erigido sobre el suelo de la Zona Cero no eran solamente torres, sino también símbolos colosales de poder económico y financiero. Las torres gemelas eran, de manera explícita o implícita, los iconos más brillantes y elevados de la prosperidad financiera y económica de Estados Unidos, de su preeminencia y soberanía. Personificaban el orden económico global dirigido por Estados Unidos que había prevalecido desde el final de la Segunda Guerra Mundial. El 11 de septiembre, ese símbolo se desplomó. Si el World Trade Center era un símbolo de la preeminencia económica y financiera de Estados Unidos, entonces ¿qué simbolizó su desplome? ¿O puede la caída de un símbolo ser también el símbolo de una caída?

¿Y qué de la advertencia profética dada a Estados Unidos en su comienzo y su relación con las torres más altas de la nación? Las torres habían presumido de las bendiciones y la gloria de la nación; pero la advertencia recordó a la nación que sus bendiciones y su gloria provenían de Dios. Las torres personificaban el ascenso y lo lejos que se habían elevado desde sus cimientos. Pero el mensaje advertía que si Estados Unidos se alejaba alguna vez de su fundamento, su gloria no permanecería y las bendiciones del cielo serían eliminadas de la tierra. En la caída de las altas torres que antes habían personificado las bendiciones y la gloria de la nación, las palabras de la advertencia dadas en el día de su fundación ahora clamaban desde las ruinas.

La caída de templos

En el año 586 a. C., el *Shemitá* cayó sobre el reino de Judá en forma de juicio. Segunda de Crónicas registra el momento más dramático de ese juicio:

> Y quemaron la casa de Dios, y rompieron el muro de Jerusalén, y consumieron a fuego todos sus palacios, y destruyeron todos sus objetos deseables.
> —2 Crónicas 36:19

El juicio implicó un ataque enemigo. El enemigo se propuso atacar específicamente los edificios más prominentes y majestuosos de la nación. El principal de ellos era el Templo de la nación, el edificio que representaba la adoración de su Dios. Los edificios fueron quemados y destruidos. La tierra santa de la nación quedó reducida a ruinas.

Cuando el *Shemitá* se manifestó en forma de juicio en septiembre de 2001, también implicó el ataque de un enemigo, un enemigo que se propuso centrarse específicamente en los edificios más majestuosos de Estados Unidos. Los más destacados de ellos eran las torres gemelas del World Trade Center, dos edificios que simbolizaban un dios al que la nación adoraba cada vez más. Las torres fueron quemadas y destruidas.

El significado de la caída

Comenzamos el misterio de las torres con un edificio solitario y único, una torre distinta a cualquiera que se hubiera levantado antes y que, en el año 1870, apareció sobre suelo estadounidense. Vimos el antiguo vínculo que une las torres de una nación y su grandeza, su magnitud, su elevación y sus poderes. Vimos que la aparición de la torre de 1870 estuvo unida al ascenso de Estados Unidos al poder mundial. Ahora concluimos el misterio en las ruinas de otras dos torres. En su caída comienza otro misterio, el de los presagios de juicio que aparecieron en los últimos días de la antigua Israel, advirtiendo de juicio. Con la caída de las torres ahora aparecen para Estados Unidos llevando la misma advertencia de un juicio próximo.

Ahora debemos hacer la pregunta: Si la *elevación* de una torre anunció la elevación de Estados Unidos en la historia mundial, ¿qué anuncia la *caída* de una torre?

Ahora pasamos a otro ámbito para descubrir una dimensión más del misterio del *Shemitá*, una que concierne al ascenso y la caída de naciones.

PARTE VI

El ministerio del *Shemitá* y el ascenso y la caída de naciones e imperios

Capítulo 20

EL ASCENSO

El *Shemitá* de reinos

EL *SHEMITÁ*, POR naturaleza, altera los equilibrios; cambia el balance de las cuentas. Incluso a la más pequeña de las escalas altera el equilibrio de poder. En su manifestación más amplia y profética, las consecuencias del *Shemitá* no están limitadas a los ámbitos financiero y económico, sino que se extienden casi a cada ámbito de la existencia y la historia humana. Puede alterar el paisaje de naciones, implicar el ascenso y la caída de grandes potencias, y determinar el destino de imperios.

Esto se puede ver claramente de nuevo en los eventos del año 586 a. C. cuando el *Shemitá*, en forma de juicio, desciende sobre el reino de Judá. Implica los ámbitos político y militar, la destrucción de ciudades, la desaparición de un reino y, a mayor escala, el ascenso y la caída de imperios.

¿Podría el misterio del *Shemitá* estar en acción afectando el ascenso y la caída de naciones en tiempos modernos?

El tiempo del desplome

Es el *Shemitá* de septiembre de 1916 a septiembre de 1917. ¿Sucedió algo significativo este año? Ya hemos visto lo que sucedió en el ámbito financiero, que sería conocido como "la Crisis de 1916-1917". Estaría catalogado como uno de los diez principales desplomes a largo plazo en la historia de la Bolsa de Valores, eliminando el 40 por ciento del valor del mercado.

Pero ¿y si ahora fuéramos más allá de los ámbitos financiero y económico? Hemos visto que detrás de la palabra *shemitá* está el verbo "sacudir". ¿Hubo alguna sacudida significativa en el tiempo de ese *Shemitá*?

La hubo; y fue quizá la mayor sacudida de naciones en la historia del mundo hasta aquel momento. Fue el tiempo de la Primera Guerra Mundial. En ella, más de setenta millones de personas sirvieron como personal militar. Y más de quince millones de personas murieron. No tuvo precedentes en escala, ámbito y naturaleza. El mundo nunca había visto nada parecido.

La palabra *shemitá* está vinculada al verbo que significa "dejar caer", "derribar" y "desplomarse". ¿Hubo una caída o desplome en el mundo en este tiempo en la historia del mundo, o relacionado con esta guerra? Sí, pero no sólo uno. Durante el *Shemitá* hubo, en proceso, cuatro desplomes masivos de importantes poderes mundiales.

El desplome del imperio alemán

El imperio alemán, o Segundo Reich, fue fundado en 1871. En el tiempo de su fundación hasta el estallido de la Primera Guerra Mundial, Alemania se había convertido en una de las más grandes potencias en el escenario mundial. Había presumido de tener el ejército más poderoso del mundo, la marina más poderosa del mundo, y la base industrial de más rápido crecimiento del mundo. Pero como resultado de la Primera Guerra Mundial, el imperio alemán, el Segundo Reich, se desplomó.

El desplome del imperio austrohúngaro

El imperio austrohúngaro se formó en 1867. Fue una de las mayores potencias en el escenario mundial de los siglos XIX y principios del XX. Pero fue debilitado por el hecho de que muchos de sus diferentes grupos étnicos querían tener su propia nación. Como resultado de la Primera Guerra Mundial, el imperio austrohúngaro se desplomó. De sus ruinas surgieron las naciones de Checoslovaquia y Yugoslavia.

El desplome del imperio otomano

El imperio otomano había desempeñado un importante papel en la historia mundial durante más de seis siglos. En su punto geográfico más alto, controlaba gran parte de Asia occidental, el norte de África, Europa del Sur, el cuerno de África y el Cáucaso. Pero cuando los ejércitos de los Poderes Aliados avanzaron por el Oriente Medio en la segunda parte de la Primera Guerra Mundial, el imperio de siglos de antigüedad comenzó a desplomarse. Su desplome produciría la creación del Oriente Medio tal como lo conocemos, incluyendo la emergencia de las modernas naciones-estado de Líbano, Jordania, Arabia Saudita e Israel, por nombrar solamente algunas.

El desplome del imperio ruso

El gobierno de los zares rusos había comenzado siglos antes de la Primera Guerra Mundial. El imperio ruso había sido uno de los mayores imperios en la historia del mundo. En el siglo XIX su dominio se extendía desde el mar Báltico hasta el oeste del océano Pacífico en la parte oriental, y desde el mar Negro en el sur hasta el océano Ártico al norte. Solamente los imperios británico y mongol tenían más tierras, y solamente China y el imperio británico tenían más gente.

Pero la entrada de Rusia a la Primera Guerra Mundial había dado como resultado varios reveses militares y desintegración económica. El descontento entre soldados y civiles igualmente alcanzó niveles de crisis, y en la primavera de 1917 surgió la revolución en la ciudad de Petrogrado. El zar Nicolás abdicó al trono y el imperio ruso se desplomó. En el otoño de 1917 los bolcheviques, bajo el liderazgo de Vladimir Lenin, comenzaron "la Revolución de octubre" y derrocaron al gobierno provisional. Fue un punto de inflexión de la historia, el comienzo del primer estado comunista, el nacimiento de lo que sería denominado "la Unión Soviética".

- - - - - - - - - - - -

Cada desplome fue causado por la guerra, ya fuese por su proceso o por su resultado. Pero durante la mayor parte de la duración de la guerra el resultado, y por tanto la mayoría de estos desplomes, estuvo lejos de estar asegurado. ¿Qué cambió eso? ¿Cuál demostró ser el punto de inflexión?

1917: el punto de inflexión

Desde sus primeros días como nación, Estados Unidos había pretendido evitar enredarse en los asuntos de otras naciones. Con respecto a los asuntos globales, la nación había perseguido ampliamente la política de no intervención. Buscaba mantener esta política ante la Primera Guerra Mundial, pero en la primavera de 1917, después de una serie de ataques submarinos alemanes a barcos mercantes estadounidenses, Estados Unidos declaró la guerra a Alemania.

El año 1917 está considerado un punto de inflexión no sólo de la Primera Guerra Mundial sino también de la historia del mundo. La entrada de Estados Unidos en la guerra cambió el equilibrio de poder y prácticamente aseguró la derrota de potencias centrales y así el desplome de imperios.

El año del *Shemitá* había comenzado el 28 de septiembre de 1916, y concluyó el 16 de septiembre de 1917. Estados Unidos entró en la Primera Guerra Mundial el 6 de abril de 1917. Por tanto, este acontecimiento fundamental en la historia estadounidense y en la historia del mundo tuvo lugar como parte del *Shemitá*. Ayudó a producir el desplome de tres imperios. El único desplome que no fue afectado por la entrada de Estados Unidos fue el del imperio ruso. Pero el imperio ruso se había desplomado en ese mismo año clave, 1917, en la primavera, y así, fue parte de la estela del *Shemitá*. De hecho, estos dos acontecimientos capitales, la Revolución rusa y la entrada de Estados Unidos en la Primera Guerra Mundial, no sólo se produjeron durante el *Shemitá*, sino que también se produjeron a tres semanas el uno del otro.

La anulación de cuatro imperios

Cada uno de los cuatro desplomes alteró de modo dramático el curso de la historia moderna. El desplome de los imperios alemán y austríaco prepararía el escenario para el ascenso del nazismo y la Segunda Guerra Mundial. El desplome del imperio otomano prepararía el escenario para los conflictos del Oriente Medio. Y el desplome del imperio ruso prepararía el escenario para la extensión global del comunismo y la Guerra Fría. Cada uno de los cuatro desplomes fue producido

o asegurado por los acontecimientos del *Shemitá* de 1917, o fue
en sí mismo uno de esos acontecimientos.

El impacto del *Shemitá* es producir anulación y la eliminación de aquello que se ha construido. En su aplicación más
global, esta eliminación se extiende no sólo a estructuras económicas y financieras, sino también a estructuras y poderes
físicos. Al final de la Primera Guerra Mundial, el paisaje eu-
ropeo estaba lleno de las ruinas. Desde el frente occidental
hasta el frente oriental, desde los Balcanes hasta el Oriente
Medio, aquello que había sido construido fue eliminado. Y a
mayor escala, dos imperios que habían tardado décadas en levantarse, y otros dos que habían tardado siglos, ahora, de igual
manera, habían sido eliminados.

El comienzo del atardecer

Pero habría aún otro desplome relacionado con la Primera
Guerra Mundial y con los eventos fundamentales de 1917. El
mayor de los poderes coloniales era el imperio británico. Había
comenzado a finales del siglo XVI. En su punto álgido, había
controlado casi una cuarta parte de la tierra del mundo, y una
de cada cinco personas en el planeta vivía bajo su dominio.
Inmediatamente después de la guerra, el imperio alcanzó su
mayor extensión geográfica. Había sido denominado "el imperio sobre el cual nunca se pone el sol". Pero el sol estaba a
punto de ponerse.

Ya hemos visto la primera señal de este declive en el tiempo
en que Estados Unidos construyó su primera torre alta y el título de "mayor economía del mundo" se aleja del imperio británico y pasa al Nuevo Mundo. Pero en cuanto al declive del
imperio mismo, está fechado en la Primera Guerra Mundial.
Al ir a la guerra, Bretaña había sido la mayor nación acreedora
del mundo. Pero la guerra había diezmado la economía británica y había consumido su crédito nacional. La mayor nación
acreedora del mundo ahora estaba en deuda. La desintegración

financiera alcanzó su cúspide en la última parte de la guerra, cuando el imperio se acercó a la bancarrota. ¿Cuándo tuvo lugar eso? Sucedió en el año 1917, el año del *Shemitá*. Después de la guerra, Gran Bretaña se encontró cada vez más incapaz de mantener su imperio. El declive, al principio, fue sutil, pero en la mitad del siglo se convirtió en un desplome total y definitivo.

La potencia ascendente

Hemos visto varias caídas vinculadas con el año del *Shemitá*. Pero ¿hubo un ascenso? Lo hubo. Mientras que reinos e imperios estaban cayendo, uno se estaba elevando.

La Primera Guerra Mundial había agotado el poder financiero y económico del imperio británico, pero tuvo el efecto contrario sobre Estados Unidos. Cuando se declaró la guerra, Estados Unidos era una nación deudora; pero cuando terminó la guerra, Estados Unidos no sólo había dejado de ser una nación deudora, sino que también se había convertido en la mayor acreedora del mundo. El imperio británico, junto con otras potencias mundiales, ahora tenía grandes deudas con Estados Unidos.

La transferencia de papeles desde el imperio británico a Estados Unidos, un proceso que había comenzado a finales del siglo XIX cuando Estados Unidos eclipsó a Bretaña, la principal potencia económica del mundo, ahora entraba en su segunda fase. El poder financiero y económico que por una parte se alejaba del imperio británico, por otra parte caía en Estados Unidos. La guerra había causado una masiva transferencia de poder global. El centro del ámbito financiero del mundo había pasado del Viejo Mundo al Nuevo, desde el imperio británico a Estados Unidos. El centro financiero del mundo ya no era Londres, sino ahora la ciudad de Nueva York, la misma ciudad que ahora presumía de tener las torres más altas de la tierra.

Los historiadores comúnmente marcan el año 1917 como

el comienzo del ascenso de Estados Unidos a superpotencia global. Fue el año en que Estados Unidos terminó su aislacionismo, y de modo dramático. Fue el punto de inflexión clave, cuando la nación de modo inequívoco entró al escenario del poder mundial. Al final de la guerra, las potencias destrozadas y agotadas de Europa ahora miraban a Estados Unidos en busca de liderazgo. Estados Unidos había adoptado un papel que no estaba preparado para asumir. Ahora era no sólo la potencia económica más fuerte y el centro financiero y económico del mundo; ahora era la nación dirigente en la tierra.

En los años siguientes a la guerra, Estados Unidos buscó regresar a su anterior aislamiento, pero no había vuelta atrás. Había comenzado un ascenso irreversible al poder que llegaría a alturas que ninguna nación o imperio había conocido jamás. Y ese ascenso había comenzado en el año del *Shemitá*.

El ascenso de Estados Unidos a superpotencia global, habiendo comenzado en medio de una guerra, quedaría completado al final de la siguiente. Desde la entrada de Estados Unidos en la Primera Guerra Mundial hasta su emergencia como superpotencia global en las cenizas de la Segunda Guerra Mundial, el proceso tomaría veintiocho años. Tanto 1917 como 1945 permanecen como puntos de inflexión clave en la historia de Estados Unidos y del mundo. También comparten otra distinción: cada uno es el año del *Shemitá*. El ascenso de Estados Unidos a superpotencia mundial comienza con un *Shemitá* y será completado con otro.

En 1945 el misterio de antaño se manifestará con tal inmensidad de escala y fuerza, que la Primera Guerra Mundial palidecerá en comparación.

Capítulo 21

EL REINADO

El cuarto *Shemitá* y el cataclismo global

Cuatro es el número dado en la Escritura relacionado con reinos e imperios mundiales. Desde el año en que Estados Unidos comenzó su ascenso a superpotencia en la Primera Guerra Mundial hasta la llegada de la Segunda Guerra Mundial, habían pasado tres *Shemitás*. El cuarto *Shemitá* se estaba acercando. El mundo estaba una vez más envuelto en otro cataclismo. Sería la guerra más mortal en la historia humana. Cuando terminó, se habían perdido más de cincuenta millones de vidas.

El nuevo orden mundial

El año del *Shemitá* comenzó a finales del verano de 1944. En su aproximación, las fuerzas estadounidenses y Aliadas lanzaron la invasión de Europa, "Operación Overlord" el "Día D". Pero en ese mismo verano tuvo lugar otro evento, mucho más tranquilo, casi desapercibido; y sin embargo, tendría repercusiones inmensas para el mundo. Se produjo en el tranquilo pueblo de Bretton Woods, New Hampshire.

El *Shemitá* produce la transformación de los ámbitos económico y financiero. Lo que tuvo lugar en Bretton Woods produjo la transformación del orden económico y financiero global. Estableció instituciones como el Banco Mundial y el Fondo Monetario Internacional. Pero más dramáticamente estableció un nuevo orden mundial económico y financiero en el cual las divisas estarían vinculadas al dólar estadounidense.

La eliminación de la deuda y el final del *Shemitá* produjeron un nuevo comienzo financiero y económico. Bretton Woods produjo un nuevo comienzo y un nuevo orden financiero y económico para el mundo. Estados Unidos sería ahora la base global sobre la cual descansaría el orden económico y financiero del mundo. Fue planeado en el verano de 1944, cuando se acercaba el *Shemitá*. Fue ratificado por el Congreso estadounidense en medio del *Shemitá*, en el verano de 1945. Y comenzó a tener efecto después del final de la guerra, en la estela del *Shemitá*.

Pero tal como el *Shemitá* también produce desplome, así Bretton Woods hizo lo mismo. Anunció el fin de la era del reinado de la libra esterlina británica en el comercio mundial y el desplome del imperio británico. Un oficial veterano del Banco de Inglaterra lo describió como "el mayor golpe a Gran Bretaña, cercano al de la guerra".[1]

El desplome de un continente

El *Shemitá* comenzó en septiembre de 1944 y duró hasta septiembre de 1945. Este periodo fue testigo de la fase más intensa y climática de la guerra. El año del *Shemitá* de nuevo había producido el desplome de potencias. Cuando las fuerzas estadounidenses y Aliadas marcharon por Europa desde el occidente y el Ejército Rojo entró desde el oriente, el resultado fue uno de los desplomes más generales de poder en la historia. El gobierno totalitario que había mantenido a todo un continente con puño de hierro fue derrocado. El Tercer Reich, que quiso destruir a los hijos de Israel, había caído en el año hebreo "del derribo".

De nuevo, el *Shemitá* cambió el equilibrio de las naciones. De nuevo, dio entrada a una transferencia de poder masiva. De nuevo, alteró el paisaje de la historia. Y de nuevo hubo una eliminación de lo que había sido edificado, una eliminación de gobiernos, ideologías, ejércitos, poderes, edificios, estados, ciudades y soberanías.

El *Shemitá* de la Segunda Guerra Mundial

La Segunda Guerra Mundial comenzó cuando Inglaterra y Francia declararon la guerra a Alemania por la invasión de Polonia el 1 de septiembre de 1939. Pero la captura de Europa por parte de Hitler comenzó un año antes con la anexión de Austria en la primavera de 1938, seguido por la toma del Sudetenland en Checoslovaquia en el otoño de 1938. Así, la toma de naciones por parte de Hitler comenzó en 1938, el año del *Shemitá*. Terminaría con su suicidio y la caída del Tercer Reich en la primavera de 1945, el siguiente año del *Shemitá*. Todo ello había tenido lugar dentro del ciclo de siete años, de *Shemitá* a *Shemitá*.

El *Shemitá* del Holocausto

Se pueden dar diversas fechas para marcar el comienzo del Holocausto. Pero lo que se conoce como "el año fatídico" fue 1938. Fue en ese año cuando la persecución nazi a los judíos se convirtió en una política oficial y radicalizada del Estado alemán. El 5 de octubre de 1938 fueron invalidados los pasaportes judíos. El 27 de octubre llegó la primera y brutal deportación en masa de personas judías fuera de Alemania. Dos semanas después llegó *Kristallnacht*, "La noche de los cristales rotos", cuando más de mil cuatrocientas sinagogas fueron incendiadas, incontables tiendas y negocios de dueños judíos fueron destruidos, y treinta mil judíos fueron arrestados y enviados a campos de concentración.

Estos acontecimientos se citan comúnmente como el comienzo del Holocausto. Comenzó en el mes de *Tishri*, 1938, en la estela de otoño del *Shemitá*. El Holocausto terminó solamente con el desplome del Estado nazi y la liberación de los campos de muerte. Ambos tuvieron lugar en la primavera de 1945: en el año del *Shemitá*. Todo ello había sucedido en el ciclo de siete años de *Shemitá* a *Shemitá*.

El desplome de los imperios coloniales

En 1945, una tercera parte del mundo vivía en un territorio bajo el dominio de un poder colonial o dependiente de él. El mismo año marca el comienzo de la caída de los grandes imperios coloniales. La guerra había devastado las potencias europeas, a los conquistados y los conquistadores por igual. De las ruinas de la Segunda Guerra Mundial comenzó el desplome de los imperios coloniales. El ascenso de las dos superpotencias, Estados Unidos y la Unión Soviética, aceleró aún más ese desplome. La caída de los imperios europeos afectó a cada continente, y dio lugar a multitud de nuevas naciones. El *Shemitá* ahora había producido una de las mayores series de desplomes en la historia. De nuevo, había eliminado lo que había sido construido. Y de nuevo, había alterado el equilibrio de poderes y había transformado el paisaje de naciones.

El final del *Shemitá* y la era atómica

La guerra en Europa había terminado en la primavera de 1945, pero la guerra contra el imperio japonés continuaba. Aún se seguía librando en el verano de 1945. Cuando el *Shemitá* se acercaba a su final climático, así lo hizo también la Segunda Guerra Mundial. Cuando quedaba un mes para "el fin del año séptimo" y el tiempo de anulación, la mayor fuerza destructora creada nunca por el hombre fue liberada sobre la ciudad japonesa de Hiroshima con el lanzamiento de la bomba atómica. Con un inmenso resplandor, la ciudad fue barrida del mapa. Tres días después, otro inmenso resplandor eliminaría la ciudad de Nagasaki.

A las 12:00 de la mañana, hora japonesa, del 15 agosto, el emperador Hirohito anunció la rendición de la nación. La caída del imperio japonés continuó durante el mes de septiembre con la rendición de las tropas desde Burma hasta Hong Kong, desde Corea hasta las islas de Miyako e Ishigaki. Así, el desplome del imperio y el de la guerra continuaron durante el mes hebreo de *Tishri* en la estela de otoño del *Shemitá*.

Pero el final oficial de la Segunda Guerra Mundial llegó el 2 de septiembre de 1945, a bordo del *USS Missouri*, cuando el imperio japonés emitió su rendición formal a los Aliados. La Segunda Guerra Mundial terminó justamente cuando el *Shemitá* se acercaba a su fin. De hecho, la guerra terminó en la última semana del *Shemitá*, a días del 29 de Elul. La proximidad del fin del conflicto global al final del antiguo ciclo de siete años fue del 99,99 por ciento. Y en ese mismo momento, en la cumbre del *Shemitá*, una nueva era comenzó con Estados Unidos como cabeza de las naciones.

El desfile de la victoria

La celebración del triunfo al final de la guerra con un desfile victorioso del ejército vencedor se remonta a tiempos de antaño. Al final de la mayor guerra en la historia del mundo hubo varios de tales desfiles. En junio de 1945 se realizó un desfile por la victoria soviética por parte del Ejército Rojo en Moscú. En julio, las fuerzas británicas hicieron un desfile de victoria en Berlín.

Pero pocos desfiles tuvieron la participación de los cuatro ejércitos Aliados. Y habría solamente uno que marcó el final de la Segunda Guerra Mundial en el tiempo real del final de la guerra. El desfile tuvo lugar en Berlín, la ciudad en la cual cayó el Tercer Reich y la guerra terminó en Europa. Se produjo justamente días después de la rendición japonesa en el buque *USS Missouri*, marcando el final de la Segunda Guerra Mundial. Supervisando el desfile de la victoria estaba el Mariscal Georgy Zhukov, representando a la Unión Soviética; el General George S. Patton, representando a Estados Unidos; el General Brian Robertson, representando al Reino Unido; y el General Marie-Pierre Koenig, representando a Francia.

Sucedió el 7 de septiembre de 1945; pero en el calendario hebreo era el 29 de Elul, el día que marca el final del *Shemitá*, el último día del ciclo bíblico de siete años. El ciclo había comenzado en 1938, el año en el cual había comenzado la toma de tierras vecinas por parte de Hitler y el año fatídico que marcó el comienzo del Holocausto. Ahora había terminado siete años después, el último día del *Shemitá* con la marcha de los vencedores por las calles de la ciudad conquistada. El desfile que marcaba el fin de la mayor guerra en la historia tuvo lugar precisamente en día designado desde tiempos antiguos para marcar el final del ciclo bíblico de siete años, el día de Remisión, desplome y liberación.

El *Shemitá* de la Guerra Fría

Pero el 29 de Elul no sólo termina un ciclo, sino que también su fin da comienzo a otro. El final de la guerra marcó el comienzo de una nueva era, un nuevo mundo, y un nuevo conflicto que se conocería como la Guerra Fría.

Desde la misma ciudad en la cual tuvo lugar el desfile del 29 de Elul, y con los mismos jugadores clave que tomaron parte en ese desfile, comenzó la Guerra Fría. Berlín llegaría a ser el centro simbólico de ese conflicto y esa era, y de la división de ese mundo entre las dos superpotencias.

Más de un comentarista ha destacado que lo que sucedió el día del *Shemitá* en 1945 se convirtió en un punto de contención entre las dos superpotencias, un augurio del conflicto que se convirtió en la Guerra Fría. Con la ausencia del General Eisenhower en el desfile y la posterior minimización del evento por parte de Occidente, el día ha sido considerado como el comienzo del fin de la coalición del tiempo de guerra, una de las primeras señales del posterior conflicto global, y un precursor de la Guerra Fría: en el día del *Shemitá*.

El imperio americano

Surgiendo de las ruinas de la Segunda Guerra Mundial, Estados Unidos se situó en un elevado pináculo de la historia mundial. Era la mayor potencia financiera, la mayor potencia industrial, la mayor potencia comercial, la mayor potencia política, la mayor potencia militar, la mayor potencia económica, y la mayor potencia cultural en la tierra. El orden financiero, económico y político del mundo ahora era dirigido o conducido por la superpotencia estadounidense. Su economía impulsaba la economía mundial, su industria llenaba los mercados mundiales, su cultura llenaba la conciencia mundial, y su ejército estaba vigilante sobre las naciones del mundo.

Algunos lo llamaron "el imperio americano"; otros, "el siglo americano"; y otros, la "Pax americana". Su ascenso había comenzado con el *Shemitá* de una guerra mundial y ahora había sido sellado en el *Shemitá* de otra. Y fue justamente entonces, en el mismo año que había hecho nacer a la superpotencia estadounidense, cuando nació la idea de un World Trade Center.

Pero el *Shemitá* tiene dos vertientes. Para una nación que en general mantiene los caminos de Dios, se convierte en una bendición. Pero para una nación que ha conocido los caminos de Dios pero ahora los rechaza y los desafía, el *Shemitá* llega no como una bendición sino como un juicio; y no produce un ascenso sino una caída.

¿Qué sucede si, desde el pináculo de 1945 avanzamos el mismo periodo de tiempo, otros veintiocho años, hasta el cuarto *Shemitá*? ¿Dónde nos llevará?

Capítulo 22

LA CAÍDA

La caída

Avanzando la misma cantidad de tiempo que antes, cuatro periodos de *Shemitás*, veintiocho años desde la cumbre del poder de Estados Unidos en 1945, llegamos al año 1973. Este es, desde luego, otro año del *Shemitá*. Contrariamente a los dos primeros casos, no estuvo marcado por un año de guerra. Pero ¿fue significativo? Mucho.

En medio de su bendición, la antigua Israel había comenzado a sacar a Dios de su gobierno, de sus plazas públicas, de su cultura, de la educación de sus hijos. Estados Unidos había hecho lo mismo; comenzando a principios de la década de 1960 cuando Estados Unidos prohibió la oración y la lectura de la Escritura en las escuelas públicas. Las regulaciones fueron sintomáticas de un alejamiento mayor de Dios de la cultura estadounidense. Lo que siguió fue una década de tumulto y caos. La nación se estaba moviendo, lentamente al principio y después con mayor velocidad, lejos de Dios y de los caminos de Dios.

La sangre de los inocentes

Pero 1973 fue un derramamiento de sangre en el descenso espiritual y moral de Estados Unidos. Fue al comienzo de ese año cuando la Corte Suprema de la nación legalizó el asesinato de niños no nacidos. En el caso de la antigua Israel fue el asesinato de los más inocentes de la nación, sus niños pequeños, lo que finalmente condujo al juicio y la destrucción nacional.

> Rechazaron los decretos y las advertencias del Señor, y el pacto que él había hecho con sus antepasados. Se fueron tras ídolos inútiles…Abandonaron todos los mandamientos del Señor su Dios…sacrificaron en el fuego a sus hijos e hijas…
>
> —1 Reyes 17:15-17

Si la comparación parece severa, debemos considerar lo siguiente: Israel mató a miles de sus hijos; Estados Unidos ha matado a millones. En el momento de escribir esto, la cifra de niños no nacidos que han sido muertos se calcula por encima de los cincuenta millones. Si esta fue una causa de juicio con respecto a la antigua Israel, una nación que antes había conocido los caminos de Dios pero que ahora se había vuelto contra ellos, entonces ¿podría ser una causa menor de juicio con respecto a Estados Unidos, una nación que de igual manera antes había conocido los caminos de Dios pero ahora se había vuelto contra ellos?

El largo declive

El *Shemitá* había comenzado en septiembre de 1972 y continuó hasta septiembre de 1973. La decisión de la Corte Suprema fue emitida en medio del *Shemitá*, el 22 de enero de 1973. El *Shemitá* puede estar vinculado con el ascenso de una nación, o con su caída. Los dos últimos *Shemitá*s de este ciclo, el de 1917 y 1945, fueron puntos de inflexión con respecto al descenso de Estados Unidos. Pero el *Shemitá* de 1973 fue un punto de inflexión con respecto a su caída. Fue el año en que Estados Unidos hizo que fuese legal matar a sus niños no nacidos.

Solamente once días antes de esa decisión, la Bolsa de Valores había alcanzado su pico. En ese mismo mes cambió de ímpetu y comenzó un largo declive que duraría hasta el otoño de 1974, teniendo una eliminación del 48 por ciento de su valor. El desplome entonces se combinó con una grave y paralizante recesión económica. Vale la pena notar que la conexión entre el año del *Shemitá* y los desplomes en los ámbitos financiero y económico de Estados Unidos parecen hacerse más intensos y coherentes en los ciclos que siguen inmediatamente al año crítico de 1973 que en aquellos que lo precedieron.

El desplome de Bretton Woods

El sistema Bretton Woods, establecido al final de la Segunda Guerra Mundial en 1945, estaba basado en vincular las divisas principales del mundo con el dólar estadounidense, y estando vinculado el dólar estadounidense al estándar del oro. Pero en la década de 1960 Estados Unidos no tenía suficiente oro para respaldar sus dólares. El dólar se había debilitado. En agosto de 1971 el presidente Nixon desvinculó el dólar estadounidense del estándar de oro; y en la primavera de 1973 los vínculos que unían las divisas del mundo con el dólar fueron irrevocablemente cortados. Bretton Woods, que al final de la Segunda Guerra Mundial había personificado la hegemonía de Estados Unidos sobre el orden financiero y económico del mundo, se había desplomado.

Bretton Woods estuvo unido al *Shemitá* en su comienzo, y del mismo modo estuvo unido al *Shemitá* en su fin. Una vez más, el *Shemitá* había producido un desplome; y una vez más, había tocado los ámbitos económico y financiero del mundo.

"Delante de tus enemigos"

Cuando Estados Unidos se alejó de Dios, a largo plazo su posición relativa al resto del mundo siguió deteriorándose. La Biblia cita varias señales del favor de Dios sobre una nación. Una de ellas es la prosperidad económica; otra es el poder y la victoria militar. Al final de la Segunda Guerra Mundial, Estados Unidos destacaba en la cumbre del poder económico y también militar, pero ahora su "todopoderoso dólar" se debilitaba, y una serie de crisis estaba causando un deterioro en su poder económico. ¿Y qué de su poder militar?

A medida que la nación comenzó a sacar a Dios de su vida en la década de 1960, su fortuna militar comenzó a cambiar. El cambio tuvo un nombre: Vietnam. Por primera vez en más de siglo y medio, y algunos dirían que *por primera vez*, Estados Unidos había perdido una guerra. ¿En qué año perdió Estados Unidos su primera guerra en tiempos modernos? Sucedió en 1973, el año del *Shemitá*. La mayor victoria militar de Estados Unidos había tenido lugar en el año del *Shemitá*; ahora también sucedió lo mismo con su derrota militar más traumática.

Cuatro *Shemitás*, veintiocho años antes, Estados Unidos había ganado la Segunda Guerra Mundial, su mayor victoria militar. Aquel día fue el 15 agosto de 1945. Por tanto, la primera derrota militar de Estados Unidos en la historia moderna tuvo lugar en el aniversario de su mayor victoria militar, una señal concerniente a la eliminación de la bendición de Dios, y otra manifestación más de desplome en el año de *Shemitá*.

Los ciclos del cuarto *Shemitá*

Tras el ascenso y la caída de Estados Unidos está un misterio de *Shemitás*. Los puntos de inflexión clave de ese ascenso y esa caída estuvieron cada uno relacionados con el año del *Shemitá*. Cada uno de esos puntos de inflexión tuvo lugar durante el cuarto *Shemitá* desde el último punto de inflexión, a intervalos de veintiocho años.

- **El ciclo de superpotencia**. El ascenso de Estados Unidos al poder mundial comienza en el año del *Shemitá* en 1917 con su entrada en la Primera Guerra Mundial. Si avanzamos veintiocho años, llegamos al cuarto *Shemitá* en el año 1945. En 1945 el ascenso de Estados Unidos a superpotencia mundial quedó completado.

- **El ciclo de Bretton Woods**. En su cumbre de poder, Estados Unidos se convierte en el centro de un nuevo orden financiero y económico mundial, el sistema Bretton Woods, en el momento del *Shemitá* en 1945. Avanzando veintiocho años, llegamos al cuarto *Shemitá* en el año 1973, el año en que el sistema Bretton Woods experimenta su desplome final. Comienza y termina con el *Shemitá*.

- **El ciclo de la guerra**. El 15 de abril de 1945 se rinde el imperio japonés. La Segunda Guerra Mundial ha terminado. Al haber ganado su mayor victoria militar en la historia, Estados Unidos se sitúa en el pináculo del poder militar. Si avanzamos veintiocho años, llegamos al cuarto *Shemitá*, en el

año 1973, el año en que Estados Unidos pierde su
primera guerra en la historia moderna. La guerra
termina el 15 de abril, veintiocho años después de
su mayor victoria, exactamente.

El ciclo de la torre

Pero hubo una conexión más en el misterio. En la cúspide de
poder mundial de Estados Unidos nació una idea que igualó
a esa cúspide. Estados Unidos, ahora el centro del mercado
mundial sin discusión, construyó un World Trade Center. El
edificio representaría el nuevo orden mundial financiero y económico dirigido por Estados Unidos. Después de muchos re-
trasos y obstáculos, la visión de 1945 finalmente se convertiría
en una realidad. Era el año 1973. Había sido concebida en el
Shemitá, y en el *Shemitá* fue terminada. Desde la concepción
hasta la finalización hubo, una vez más, veintiocho años, y una
vez más, era el cuarto *Shemitá*.

El testamento y la caída

Lo que sucedió en Estados Unidos en 1973 fue tan crítico como
lo que sucedió en 1917 y 1945. Las repercusiones de que una
nación, fundada y bendecida por Dios, se ponga en contra de
la Palabra de Dios al hacer legal la muerte de sus hijos no nacidos, son inmensas. Por un pecado de violencia similar contra
sus hijos, una antigua nación fue llevada a juicio y destruida.

El mismo año en que Estados Unidos legalizó el asesinato
de sus no nacidos fue cuando la nación sufrió su primera derrota militar en la historia moderna. Ese mismo año daría comienzo un desplome financiero a largo plazo que se combinó
con una de las recesiones económicas más graves en su historia. Y ese mismo año, el orden económico global que había
sido fundado con Estados Unidos como su columna vertebral
sufrió su desplome final.

Y después estaban las torres, concebidas en el momento cúspide de Estados Unidos, para erigirse como monumentos de la nueva supremacía global de la nación. Pero no se erigieron en el momento del pináculo de Estados Unidos, sino veintiocho años después en 1973, un punto de inflexión de una naturaleza muy distinta.

Fue el año de las altas torres que testificaban del ascenso de la nación. Pero fue también el año en que Estados Unidos comenzó a matar legalmente a sus hijos no nacidos. El World Trade Center era un símbolo, por un lado, del ascenso de una nación y, por el otro, de su descenso moral y espiritual. Era un monumento a la gloria de una nación por una parte, y un testamento de su pecado y su vergüenza por otra. Era un memorial de la caída de una nación, marcando el año en que Estados Unidos comenzó a matar a sus más indefensos. Las torres darían testimonio de dos destacadas realidades diferentes, cada una en profundo conflicto con la otra. Y los días de su coexistencia estaban contados.

El último ciclo

¿Qué sucede ahora si avanzamos un último ciclo, veintiocho años, al cuarto *Shemitá*? ¿Dónde nos llevará?

Nos llevará a 2001, el *Shemitá* del 11 de septiembre, en el cual el monumento a la gloria ascendente de Estados Unidos y sus poderes sin igual fue destruido. El testamento del orden mundial dirigido por Estados Unidos fue derribado. En 2001, los ciclos que habían comenzado en 1945 cerrarían el círculo completo.

- Las torres habían sido concebidas en el *Shemitá* de 1945 en el apogeo de Estados Unidos. En el cuarto *Shemitá*, veintiocho años después en 1973, fueron completadas. Permanecieron durante veintiocho años. En el cuarto *Shemitá* después de su finalización, en el año 2001, fueron destruidas.

• En el *Shemitá* de 1945 Estados Unidos había derrotado a todos sus enemigos y se había levantado de las ruinas de otras naciones victorioso y sin rival en poder militar. En el cuarto *Shemitá*, veintiocho años después, sufrió su primera derrota militar en la historia moderna, en territorio enemigo, en 1973, la misma fecha de su apogeo. Veintiocho años después de eso, en el cuarto *Shemitá*, en 2001, el enemigo llegaría a Estados Unidos, y la nación sufrió destrucción en su propio territorio.

• En el *Shemitá* de 1945 fue inaugurado un nuevo orden mundial basado en el poder económico y financiero de Estados Unidos. En el cuarto *Shemitá*, veintiocho años después en 1973, ese orden sufrió un desplome. Veintiocho años después de eso, en el cuarto *Shemitá*, en 2001, el símbolo de la economía global dirigida por Estados Unidos también se desplomó.

- - - - - - - - - - - - -

El mismo *Shemitá* que lleva desplome a un poder, nación o reino puede llevar el ascenso a otro. Por lo que respecta a Estados Unidos, durante gran parte de su historia y a largo plazo, había parecido estar en gran medida en el lado ascendente de esta ecuación. Pero en tiempos recientes ha parecido estar mucho más en el lado descendente, en paralelo a su caída moral y espiritual de Dios.

¿Qué hay por delante? ¿Qué tiene el futuro para Estados Unidos y las naciones? ¿Y qué podría revelar el misterio del *Shemitá* acerca de ese futuro? A esas preguntas nos dirigimos ahora.

PARTE VII

EL MISTERIO DEL *SHEMITÁ* Y LO QUE ESPERA EN EL FUTURO

Capítulo 23

LA ÚLTIMA TORRE

La otra torre

L A DESTRUCCIÓN DE las torres gemelas no fue el final en el misterio de las torres. Habría otra. Se erigiría desde el mismo lugar donde las torres gemelas habían sido derribadas: la Zona Cero. Se convirtió en un símbolo de la reconstrucción de Estados Unidos en la estela del 11 de septiembre. Líderes estadounidenses hablaron de ello incluso antes de que llegase a existir y entonces, a medida que se erigió, anunció su ascenso como un símbolo del orgullo y la resistencia de la

nación. La torre se erigió como la personificación de Estados
Unidos mismo.

Y sin embargo, tras su ascenso había un misterio antiguo.

El ascenso desafiante

Ante el ataque enemigo que implicó la destrucción de edificios
y la primera advertencia de juicio nacional, el pueblo de Israel
respondió con desafío. Ellos declararon su fatídica promesa:

> Los ladrillos cayeron, pero edificaremos de cantería...
> —Isaías 9:10

Ellos desafiaron la advertencia que se les dio; reconstruirían
lo que se había derribado y convertido en ruinas en el día del
terror. La reconstrucción fue un acto de desafío. Ellos reconstruirían sus edificios caídos más grandes, más fuertes, mejores
y más altos que antes. No fue la reconstrucción lo que estuvo
mal, sino la intención que había tras ella. Ellos no escucharon
la advertencia de Dios sino que la desafiaron. Y lo que ellos
erigieron permanecería como un monumento no de su resurgencia, sino de su desafío, un desafío que finalmente condujo
a su destrucción.

El ascenso desafiante de nuevo

En la estela del 11 de septiembre, los líderes estadounidenses
respondieron, al igual que lo hicieron los de la antigua Israel,
no con arrepentimiento sino con desafío. Poco después del
ataque comenzaron a prometer reconstruir lo que había sido
derribado, y construirlo más grande y más fuerte que antes.
Más de uno habló de la reconstrucción de la Zona Cero como
un acto de desafío. La nación no se humilló ni se arrepintió,
sino que prometió levantarse de nuevo más fuerte que antes.

La torre hebrea

Pero ¿dónde interviene una torre? La antigua promesa en Isaías no hace mención alguna de lo que va a ser reconstruido exactamente. La promesa sí habla de reconstruir lo que había caído. Esto debió de haber implicado edificios y, a la vista de la guerra antigua, habría implicado también torres. Pero tenemos otra indicación. La palabra hebrea tras la profecía de Isaías, como hemos visto, tiene un significado más profundo de lo que comunica la traducción en español. Hemos visto esto en el versículo que introduce la antigua promesa:

> *Y con altivez de corazón dicen*: Los ladrillos cayeron, pero edificaremos de cantería…
>
> —Isaías 9:9-10, énfasis del autor

La promesa se declara con altivez de corazón. La palabra hebrea para "altivez", como hemos visto, es *gadal*, que está vinculada a la palabra para "torre". Por tanto, tenemos una palabra hebrea que significa "reconstruir" y otra relacionada con la palabra *torre*. La reconstrucción personificaría el orgullo desafiante de la nación, y ninguna estructura personifica mejor el orgullo que una torre.

La torre griega

La traducción más temprana hecha jamás de la Biblia se denomina la *Septuaginta*. La Septuaginta es la traducción de las Escrituras hebreas al griego. Esta traducción es la que se cita ampliamente en el Nuevo Testamento. Cuando la Septuaginta llega a Isaías 9:10, sucede algo sorprendente, pues dice: los ladrillos han caído, pero…construyamos una *torre*.

La traducción antigua habla específicamente de la construcción de una torre. En otras palabras, después del ataque, en el mismo terreno sobre el cual han caído los ladrillos, se levantaría una torre.

Y eso es exactamente lo que sucedió en Estados Unidos. En la Zona Cero, donde la nación había sido atacada, donde habían caído los ladrillos, comenzó a elevarse una torre.

La torre del desafío

Incluso antes de que la torre existiera, había sido declarada por parte de líderes estadounidenses. Una de las nueve señales proféticas de juicio registradas en *El presagio* se llama "La profecía". Se manifestó el día después del 11 de septiembre cuando el Congreso de Estados Unidos se reunió en Capitol Hill para declarar la respuesta de Estados Unidos a la calamidad. Allí, desde el piso de la Cámara de Representantes, la promesa de desafío que llevó juicio y destrucción a la antigua Israel, fue ahora proclamada en Estados Unidos.

En ese momento profético, un líder estadounidense prometió que la nación reconstruiría lo que había caído. Implícita en aquellas palabras estaba la reconstrucción del World Trade Center. Esta fue la primera proclamación oficial de la reconstrucción. Así, la torre en la Zona Cero fue realmente *llevada a la existencia* con las antiguas palabras del juicio de Israel, mediante *las antiguas palabras de Isaías 9:10.*

Esto fue seguido por más declaraciones emitidas por otros líderes estadounidenses, cada una de ellas haciéndose eco de otro aspecto de la antigua promesa. Una declaró que la torre tenía que ser construida para mostrar al mundo que Estados Unidos era desafiante. Otra expresó que la torre tenía que ser construida más alta que las torres a las que sustituyó: más altas y mayores.

La torre sería algo más que un edificio; sería el símbolo estadounidense más colosal jamás construido. Con una altura planeada de 540 metros, o 1776 pies, un número escogido para reflejar el año de la independencia de Estados Unidos, estaba claro que la torre era una representación de la nación misma, elevándose desde las ruinas, orgullosa, indoblegable y desafiante. Pero por mucho que fuera una personificación de Estados Unidos, también era una personificación de la antigua promesa de juicio en Isaías 9:10.

El espíritu de Babel

¿De dónde sacaron los antiguos eruditos judíos de la Septuaginta la frase "construyámonos una torre" para utilizarla como la traducción de Isaías 9:10? La sacaron de Génesis 11, del relato de la torre de Babel.

> Y dijeron: *Vamos, edifiquémonos* una ciudad y *una torre*, cuya cúspide llegue al cielo; y hagámonos un nombre...
> —Génesis 11:4, énfasis del autor

¿Por qué utilizaron los traductores las palabras de Babel para traducir Isaías 9:10 en un principio? Fue porque vieron una conexión directa entre el proyecto de edificación de Génesis 11 y el de Isaías 9:10. Ambos estaban basados en la altivez y el orgullo; ambos fueron ejecutados como desafío a Dios.

Por tanto, ahora, Estados Unidos también se embarcó en la construcción de una torre en la Zona Cero. Primero sería conocida como "la Torre de la Libertad", y después "One World Trade Center". La torre fue concebida y ejecutada en el espíritu de altivez y desafío. Incluso había sido planeado desde el comienzo que la nueva torre se convirtiese en el edificio más alto de la tierra. Pero antes de que pudiera ser completada, otras torres habían ascendido hasta mayores alturas. Pero el espíritu de Babel estaba infundido en el proyecto desde el comienzo.

El *Shemitá* y la última torre

Hemos visto anteriormente que el misterio del *Shemitá* y el misterio de las torres convergen. ¿Y qué de la torre que se levanta sobre la Zona Cero? ¿Hay algo que la vincule con el misterio del *Shemitá*? Sí, lo hay.

Primero está en su origen. Sustituyó al World Trace Center, el cual, como hemos visto, fue concebido, comenzado, terminado y destruido en el año del *Shemitá*. Ese edificio, a su vez, había sustituido, como el edificio más alto del mundo, al Empire State Building, el cual, a su vez, había sido completado en el año del *Shemitá*.

¿Cuándo y dónde fue concebida la torre en la Zona Cero? La torre fue públicamente concebida el día después del 11 de septiembre en Capitol Hill, cuando la antigua promesa fue declarada y se proclamó que Estados Unidos reconstruiría lo que había sido destruido. La proclamación tuvo lugar el 12 de septiembre de 2001, en los últimos días del *Shemitá*. Así, incluso por cuestión de días, la torre del desafío fue construida en el año del *Shemitá*.

La construcción de la nueva torre estaría llena de controversia, obstrucciones y reveses. Serían necesarios años antes de que comenzase la construcción misma. A finales del año 2006 se limpió el terreno para comenzar los cimientos. En 2007 llegó la preparación de los cimientos. A comienzos de 2008 comenzó a levantarse el núcleo del edificio, llegando finalmente a nivel de la calle. El *Shemitá* fue 2007-2008. Aunque los cimientos y el trabajo preparatorio comenzaron antes, la elevación de la torre comenzó en el año del *Shemitá*.

Augurios

En la primavera de 2012, la torre finalmente había sobrepasado la altura del Empire State para convertirse en el edificio más alto del paisaje de Nueva York. La fecha en la que sucedió ya había aparecido en *El presagio* cuatro meses antes de que ocurriera. Fue la fecha vinculada con el misterio de la Zona Cero.

En el verano de 2012, seis meses después de la publicación de *El presagio*, el presidente de Estados Unidos hizo una visita a la Zona Cero. Allí participó en una ceremonia que estuvo compuesta por un ominoso acto profético en consonancia con el misterio. Fue una de las manifestaciones continuadas de *El presagio* mencionadas anteriormente. Él inconscientemente selló la conexión entre la torre y la promesa antigua, una conexión que presagiaba la llegada de juicio.

En la segunda toma de posesión del Presidente en enero de 2013, el poeta laureado escogido recitó un poema a los miles de personas reunidas y los millones que lo veían por televisión. En él habló de dar gracias, no a Dios, sino "al trabajo de nuestras manos".[1] Entonces, como parte del "trabajo de nuestras manos" habló de la futura finalización de la torre en la Zona Cero:

> ...el último piso en la Torre de la Libertad
> proyectándose hacia un cielo
> que se rinde a nuestra resistencia...[2]

Es casi imposible no escuchar en esas palabras el eco de la antigua promesa de Isaías 9:10: una nación que elogia sus propios poderes, poniendo su confianza en el trabajo de sus manos, su reconstrucción de un edificio para llegar desafiantemente hasta el cielo, una torre para hacer que los cielos se rindan ante su resistencia colectiva. Fue difícil también no escuchar los ecos de Babel.

Menos de cuatro meses después, la gigantesca antena fue situada en el pináculo de la torre, para completar su altura. En los escritos rabínicos se dice que un eclipse solar es una señal de juicio sobre las naciones. No se sabe de dónde viene la idea, si no se deriva de las referencias escriturales al oscurecimiento del sol el día del juicio. Pero como algo que observar, el día en que pusieron la antena en la parte alta de la torre el sol se oscureció. La torre alcanzó su mayor elevación el día de un eclipse solar.

Al momento de estar escribiendo esto, la torre aún espera ser finalizada.

El elevado presagio

Si la torre en la Zona Cero es un presagio, ¿de qué es presagio? ¿O qué comunica?

La elevación de las altas torres de Estados Unidos ha marcado y ha igualado el ascenso de Estados Unidos hasta las alturas del poder y la prosperidad mundial. Pero si el ascenso de una torre puede dar testimonio del ascenso de una nación, entonces ¿de qué da testimonio la caída de una torre? La respuesta ineludible es esta: da testimonio de la caída de una nación.

La misma nación que una vez estuvo marcada por la elevación de las torres más altas del mundo, ya no está marcada por ellas. Ahora está marcada por su caída. Y todo ello ha tenido lugar al mismo tiempo en la historia de esa nación, cuando las señales han sido cada vez más evidentes del declive de sus poderes. E incluso más revelador, todo ello ha tenido lugar cuando las señales del descenso espiritual y moral de esa nación han sido abrumadoramente claras.

Las torres, por naturaleza, tienen un significado simbólico. Pero en raras ocasiones una torre ha estado investida de tanto significado simbólico como la que se elevó desde el pavimento de la Zona Cero. Pero más allá de cualquier significado que sus constructores le asignen, el significado de la torre es profético. En este caso, la principal torre de la nación no es simplemente una torre, sino un presagio, el cuarto presagio en un esquema bíblico antiguo de juicio. Habla de una nación que intenta escalar hasta los cielos mientras que, al mismo tiempo, desciende de Dios, un ascenso físico y una caída espiritual: dos realidades en conflicto.

La torre elevada en la Zona Cero no sólo nació mediante la antigua promesa de Isaías 9:10, sino que es también su representación.

La torre es la promesa en cemento. Grita de desafío. Habla de una nación que antes había conocido a Dios pero entonces, en sus bendiciones, le dio la espalda e hizo guerra contra sus caminos. Y testifica de un pueblo advertido, sacudido y llamado por Dios a regresar, pero que ignora la advertencia, que ignora el llamado, y que intenta repeler los efectos de esa sacudida y elevarse más alto que antes, en virtud de sus propios poderes y contra los caminos de Dios.

¿Puede tal nación ascender a sus anteriores alturas de gloria mientras, al mismo tiempo, hace guerra contra el Dios de su fundación? El caso de la antigua Israel es una advertencia contra el intento de tal nación por reconstruirse a sí misma más fuerte que antes. Para la torre que construye, tal como fue con la primera torre registrada en la Escritura, habrá un presagio de próximo juicio.

Capítulo 24

LO QUE ESPERA EN EL FUTURO

Los ojos del profeta

EL PROFETA CONTEMPLABA las ruinas ardientes de la ciudad santa. Él había recibido advertencia de parte de Dios y, a su vez, había dado advertencia a su nación. Pero ellos no escucharon. Le metieron en la cárcel y siguieron en su curso de desafío hasta que el juicio finalmente llegó.

El año 586 a. C. fue uno de los puntos cruciales de la historia. Jeremías estuvo allí para ser testigo directo, al igual que estuvo allí para anunciarlo. Mientras ahora contemplaba la desolación de la ciudad santa, no podía escapar a batallar con un misterio comenzado muchos siglos antes en el desierto de Sinaí. La ley de Moisés había anunciado el día de destrucción. Según las antiguas palabras, el pueblo sería enviado al exilio y la tierra reposaría. Y el tiempo de ese reposo y desolación quedaría determinado por el número de años de reposo, los *Shemitás*, que la nación había quebrantado.

Al examinar la ciudad de Dios que ahora estaba quieta y en silencio, desolada y vacía de sus habitantes, el profeta lloró y pensó en el misterio del pacto. Él sabía que la palabra *shemitá* significaba "la liberación". Y ahora la tierra había sido liberada. Él también sabía que significaba "dejar caer". Y ahora Dios había permitido que la ciudad santa cayera y el reino de Judá mismo se desplomara. El profeta solamente podía preguntarse cómo el antiguo misterio del *Shemitá* podría haber determinado así el destino de su nación.

El misterio del *Shemitá*

Ahora hemos avanzado dos mil quinientos años, pensando en el mismo misterio que también pensaba el profeta en las ruinas. También podemos preguntarnos cómo un misterio tan antiguo ha determinado de tal modo el curso de naciones, mercados mundiales, imperios y la historia. Y al igual que el profeta vio el misterio convertirse en realidad de carne y sangre en su propia vida y el tiempo en que el cataclismo cayó sobre la tierra, ahora nos corresponde también a nosotros aplicar el misterio a nuestro tiempo y época, ver lo que puede guardar y revelar con respecto al futuro de Estados Unidos y del mundo.

Hemos visto una antigua ordenanza de la Escritura con respecto a un año séptimo de reposo y un día de Remisión transformarse en un misterio. Hemos observado el misterio haciéndose cada vez más grande en ámbito y dimensiones, hasta el punto de implicar la destrucción de la ciudad antigua y el exilio de su pueblo a una tierra extranjera. Hemos avanzado en el tiempo para encontrar el mismo ministerio extendiéndose miles de años y operando en el mundo moderno. Hemos sido testigos de sus dinámicas en acción en los ámbitos financiero y económico, determinando el ascenso y el desplome de mercados mundiales, las economías de naciones modernas, y los mayores desplomes en la historia financiera. Lo hemos visto fusionarse con un misterio de torres, unido de nuevo a las dinámicas del ascenso y la caída. Y lo hemos observado moverse en el escenario de la historia mundial, determinando el ascenso y la caída de naciones, el ascenso de potencias mundiales y el desplome de imperios.

El creciente movimiento

¿Y qué del futuro? ¿Y por qué podría el misterio del *Shemitá* ser especialmente relevante para nuestro tiempo y los días que vendrán?

En los dos últimos ciclos del *Shemitá*, los que terminaron en 2001 y 2008, hemos observado varios desarrollos significativos. En primer lugar, el tiempo ha llegado a ser sorprendentemente preciso. Los dos mayores desplomes en puntos de la Bolsa de Valores en la historia han ocurrido exactamente el mismo día hebreo y exactamente el mismo climático día de Remisión y Anulación del *Shemitá*. El fenómeno parece, en sus últimas manifestaciones, haberse vuelto cada vez más preciso y dramático.

En segundo lugar, el fenómeno de los dos últimos ciclos fue comenzado y desencadenado por uno de los eventos más dramáticos de los tiempos modernos: el 11 de septiembre. Si no hubiera sido por el 11 de septiembre, el misterio de antaño no se habría manifestado. Si no hubiera sido por el momento exacto del 11 de septiembre, el momento del desplome de la Bolsa de Valores de 2001 no habría sucedido cuando lo hizo en las horas exactas de la conclusión climática del *Shemitá*.

En tercer lugar, la sorprendente precisión de las dos últimas ocurrencias del *Shemitá* está relacionada con la manifestación de presagios, señales proféticas con respecto al juicio de una nación; es decir, Estados Unidos. Combinemos esto con el hecho de que el *Shemitá*, en la Escritura, se manifiesta como una señal de juicio nacional, y tenemos una convergencia de alarmas.

Ya que estamos hablando del asunto del juicio, nuestra primera pregunta debe ser la siguiente: ¿Qué le ha sucedido a Estados Unidos en el periodo de estos dos últimos ciclos en el cual el fenómeno se ha intensificado?

La intensificación

Aunque en la estela del 11 de septiembre los estadounidenses se reunieron en lugares de adoración por todo el país y parecía como si hubiera un regreso nacional a Dios, eso nunca sucedió. En lugar del avivamiento hubo una apostasía espiritual y moral que no tuvo precedente en su ámbito y ritmo de aceleración. Hubo cada vez más palabras con respecto al final de "la América cristiana". Las encuestas observaron un mayor alejamiento de la ética y los valores bíblicos. El giro fue más pronunciado entre la generación más joven, asegurando un futuro de un alejamiento moral y espiritual incluso mayor.

En la caída de la antigua Israel, la nación decidió que podría reescribir la moralidad y cambiar lo que era bueno y malo, el pecado y la rectitud; así también en Estados Unidos. Lo que una vez se reconocía como recto, ahora era atacado como maldad, y lo que anteriormente había sido reconocido como pecado, ahora se celebraba como una virtud. La moralidad, las normas y los valores que habían sostenido no sólo la fundación de la nación sino también la fundación de la civilización occidental y la civilización misma fueron cada vez más cambiados, derrocados y descartados. Y quienes no quisieron seguir el camino del cambio, quienes meramente siguieron sosteniendo lo que anteriormente había sido universalmente sostenido, ahora eran cada vez más marginados, menospreciados, condenados por la cultura y el Estado, y perseguidos.

Y no sólo siguió derramándose la sangre de niños no nacidos, como sucedió en la antigua Israel, sino que la cifra de quienes fueron muertos superaba ahora los cincuenta millones, una población de muchos Israel. El descenso moral de la nación había llegado al punto en que el gobierno buscaba forzar a quienes se mantenían firmes en la Palabra de Dios a ir en contra de esa Palabra, empujando la resistencia con multas, daños y condenación. Cualquier desviación de la nueva ética de la apostasía fue rápidamente castigada. Al mismo tiempo, el nombre de Dios se convirtió cada vez más en objeto de ataque, burla y blasfemia.

La ciudad oscura en la colina

Parecía como si cada día un nuevo umbral de apostasía y descenso moral se hubiera cruzado. Estados Unidos estaba en un desplome moral y espiritual, y transformándose rápidamente en el oscuro opuesto a "la ciudad en una colina", el "santo territorio autónomo" que había sido fundado para ser. Ahora había entrado en el territorio de la apostasía de la antigua Israel, una nación a la que los profetas clamaron:

> ¡Ay de los que a lo malo dicen bueno, y a lo bueno malo;
> que hacen de la luz tinieblas, y de las tinieblas luz!
> —Isaías 5:20

Y ese era el punto. Estados Unidos, al haber sido formado según el patrón de la antigua Israel, ahora seguía en el curso de la apostasía de Israel. Por tanto, no pudo ser un accidente que los mismos presagios que aparecieron en los últimos días de la antigua de Israel estuvieran ahora reapareciendo en Estados Unidos. Y cada uno de esos presagios estaba advirtiendo de un próximo juicio. Peor que eso, Estados Unidos estaba respondiendo a esas advertencias con el mismo desafío que lo había hecho la antigua Israel antes de que cayera el juicio.

El momento crítico

Si comenzamos a volcar un objeto, se alcanza un punto claro cuando ya no es necesario emplear más energía o esfuerzo. El objeto está al límite, y el más ligero empuje lo tumbará. El borde de su caída es el momento crítico. Una vez que se alcanza el momento crítico, el objeto caerá por sí solo con una fuerza que va acelerando. Cuando se alcanza un momento crítico, las dinámicas cambian. Las cosas se aceleran. Así sucede también con una nación.

Cuando se publicó *El presagio*, fue en un momento crítico en el alejamiento de Estados Unidos de la moralidad bíblica. Antes de que Dios traiga juicio, advierte. Desde ese momento, la apostasía de la nación alejándose de los caminos de Dios no ha disminuido sino que se ha acelerado de manera dramática.

Los presagios destapados

El presagio revela la repetición de un misterio de antaño de juicio nacional en los Estados Unidos del siglo XXI. El misterio implica señales concretas de advertencias dadas a la antigua de Israel en sus últimos días y que ahora se manifiestan en Estados Unidos. Eso sería suficiente; pero el misterio no se ha detenido. Desde la publicación del libro, el misterio ha continuado. Los presagios han seguido manifestándose. Y lo que fue escrito o anunciado en el libro se ha hecho realidad. ¿Qué significa eso?

La continuación de los presagios significa que el desafío a Dios de la nación de igual modo ha continuado. En otras palabras, la progresión de los presagios refleja la progresión de la apostasía y, por tanto, el avance de la nación hacia el juicio.

A quien mucho se le da

El misterio presentado en *El presagio* conduce a una pregunta inevitable:

Si Estados Unidos ha seguido en la misma apostasía de la antigua Israel, ha sido testigo de la manifestación de los mismos presagios de juicio que aparecieron en la antigua Israel, y ha respondido a las advertencias dadas con el mismo desafío con que respondió la antigua Israel, ¿cómo entonces puede escapar a sufrir el mismo juicio que la antigua Israel sufrió?

Algunos objetarían que otras naciones han sobrepasado a Estados Unidos en todos estos pecados; pero así también sucedió en el mundo antiguo. No había falta de ejemplos de otras naciones que habían sobrepasado a Israel en todos los pecados por los cuales llegaría su juicio. Pero había una importante diferencia. Dios se había revelado a sí mismo a Israel; había enviado su Palabra a la nación, les había dado su ley, les había revelado sus caminos. Y les había bendecido con paz, prosperidad y protección.

Está escrito: "a todo aquel a quien se haya dado mucho, mucho se le demandará" (Lucas 12:48). A Israel se le dio mucho; y se le demandó mucho. Las normas eran más elevadas y el juicio, cuando llegó, más severo. Igualmente, a Estados Unidos se le ha dado mucho. La Palabra de Dios ha llenado su cultura, y las bendiciones de Dios han llenado su tierra. A ninguna otra nación en el mundo moderno se le ha dado tanta bendición; pero a quien mucho se le ha dado, mucho se le demanda. Si se le ha dado mucho a Estados Unidos, entonces se le demandará mucho. Y sus pecados deben ser severamente juzgados.

El patrón del juicio

Siguiendo el esquema del antiguo juicio revelado en *El presagio*, surge un claro patrón. En primer lugar llegan advertencias mediante voces: la voz de Dios en las voces de los justos, o los fieles, o los profetas. Pero al no prestar atención a estas primeras advertencias, llegan entonces advertencias con manifestaciones menos amables. Dios permite que la nación sea sacudida. Sigue siendo el llamado de Dios, pero a un pueblo que ahora se ha vuelto tan endurecido y ensordecido a su voz que esa es la única manera en que pueden oír, si es que quieren oír. Es una llamada de atención y una advertencia de que si la nación no regresa a Dios, llegará juicio.

Si después de la primera calamidad o sacudida, la nación sigue sin oír o responder, entonces llega una segunda sacudida. Y si la nación sigue sin escuchar, sigue ignorando o rechazando la advertencia en la segunda sacudida, entonces llega otra, y otra, hasta que la nación regrese a Dios y sea restaurada, o continúe por su camino hasta la plena fuerza del juicio. Y no hay ninguna garantía en cuanto al número de advertencias o sacudidas que se dan antes de que caiga el juicio.

Cuando llega el juicio

Y en cuanto a ese juicio, ¿cómo llega? El juicio de una nación puede llegar mediante otra nación o naciones; puede llegar mediante un desastre natural; puede llegar mediante un desastre no natural o causado por el hombre; puede llegar mediante un segundo golpe sobre la tierra, o una segunda manifestación de terrorismo. Puede llegar mediante el desplome económico y financiero; puede llegar mediante la hambruna; puede llegar mediante la destrucción de infraestructura; puede llegar mediante la derrota militar; puede llegar mediante declive, desorden, división y desintegración. No hay ninguna fórmula para ello, pero hay patrones y esquemas de su progresión.

Las profecías de *El presagio*

Los nueve presagios de la antigua Israel no fueron meramente eventos u objetos, sino señales proféticas. Y como señales proféticas, cada una llevaba mensajes proféticos con respecto no sólo a la situación actual de la nación, sino también a lo que le esperaba en su futuro, profecías en forma de señales que revelaban lo que sucedería si la nación no regresaba a Dios.

Ya que los mismos nueve presagios ahora se han manifestado en Estados Unidos, ¿es posible que los mensajes proféticos que llevaban con respecto al futuro de la antigua Israel pudieran también revelar lo que podría haber en el futuro de Estados Unidos? En el espacio que tenemos aquí, tocaremos brevemente dos de las advertencias proféticas contenidas en los nueve presagios.

El oráculo de la brecha

La rotura del vallado de seguridad nacional de Israel en el año 732 a. C. no fue solamente una calamidad, sino también una advertencia profética de cosas que llegarían. La advertencia fue la siguiente:

Si la nación no regresaba a Dios y seguía haciendo guerra contra sus caminos, un golpe de mucha mayor escala y furia llegaría sobre la tierra; y la nación sería destruida.

Y eso fue precisamente lo que sucedió el último día de Israel como nación. La brecha fue un presagio de cosas por llegar. La habían producido los soldados asirios. Así también, años después, la destrucción final de la nación sería producida por los asirios. El primer golpe fue un anuncio del último.

¿Y qué de Estados Unidos? La brecha en la seguridad de Estados Unidos se manifestó en el 11 de septiembre. Pero si el 11 de septiembre no solamente fue una calamidad sino un anuncio profético, ¿cuál es su advertencia? Según el antiguo patrón, la advertencia sería esta:

Sin Dios, no hay verdadera seguridad para Estados Unidos. Sin su mano de protección, no importa cuántos sistemas de defensa emplee la nación, pues fallarán al igual que sucedió el 11 de septiembre. Estados Unidos no puede desafiar al Dios que le guarda y esperar que esa protección continúe. "Si Jehová no guardare la ciudad, en vano vela la guardia" (Salmos 127:1). Estados Unidos, sin Dios, no está seguro. Estados Unidos, al desafiar a Dios, está incluso menos seguro. Si continúa por el presente curso, otra calamidad podría llegar a la tierra como en el 11 de septiembre, y sin embargo, a escala aún mayor.

El oráculo de las ruinas

Después del golpe sobre la antigua Israel en el año 732 a. C., lo único que quedó de los edificios que estaban en el camino del ataque enemigo fueron los montones de ruinas de ladrillos caídos: el tercer presagio. Los ladrillos no fueron tan sólo el remanente de la destrucción, sino también anuncios de lo que estaba por llegar. Eran profecías en montones de ruinas. Su advertencia tuvo dos aspectos. El primero fue el siguiente:

- Si la nación seguía en su curso, caería una mayor destrucción, y los montones de ruinas de los ladrillos caídos que aparecieron en número y escala limitados, el resultado de un golpe limitado, llegarían a ser casi universales. Las ruinas aparecerían por toda la tierra. La nación misma sería dejada en ruinas.

La segunda advertencia de los ladrillos caídos era más amplia:

- Los ladrillos caídos hablaban de desplome, implosión, un desmoronamiento, la eliminación de estructura, desintegración y destrucción. La segunda advertencia fue esta: si el pueblo no prestaba atención a la advertencia, el reino mismo se desmoronaría, se desplomaría, sufriría una implosión y sería destruido. Y eso es exactamente lo que sucedió en los años siguientes. El reino de Israel fue eliminado de la tierra.

El tercer presagio se manifestó en Estados Unidos en la caída de las torres y los inmensos montones de ruinas que aparecieron en su lugar en la Zona Cero. Según el patrón del juicio de Israel, la advertencia sería esta:

- Estados Unidos no puede hacer guerra contra el Dios de su fundación y esperar que permanezcan sus bendiciones. Si Estados Unidos no se aleja de su curso, se volverá vulnerable a un futuro acontecimiento de destrucción incluso mayor.

Y aparte de esto hay una advertencia mayor. Los ladrillos, los montones de ruinas, y el 11 de septiembre mismo hablan de desplome, implosión, desintegración y destrucción. La advertencia más amplia sería esta:

- En sus bendiciones, Dios permitió que Estados Unidos fuese edificada, como una torre alta entre las naciones. Pero una torre no puede separarse de los cimientos sobre los que reposa y seguir en pie. Así también con Estados Unidos: sin Dios, Estados Unidos no se mantendrá sino que se desplomará.

Lo que esto añade al mensaje es que las torres que cayeron el 11 de septiembre tenían un significado simbólico concreto. Representaban el poder y la preeminencia financiera y económica de Estados Unidos. En su desplome, la advertencia de los ladrillos habló de implosión económica y financiera. Ya hemos visto manifestaciones de esto en los dos grandes desplomes de Wall Street en el *Shemitá* de 2001 y 2008.

Por último, las torres representaban una época y un orden financiero y económico globales en los que Estados Unidos fue el centro. Incluso el nombre World Trade Center lo comunica. ¿Y qué de su caída? Advirtió de un futuro en que América ya no es el centro del orden financiero y mundial, y cuando ese orden mismo se ha desplomado.

Isaías 9:11 y después

Más allá de las claves proféticas contenidas en los otros siete presagios con respecto a América, están las claves contenidas en la profecía misma. Si seguimos leyendo desde Isaías 9:10, encontramos un relato de juicio nacional: los juicios concretos que llegaron sobre la antigua Israel en los años posteriores a la aparición de los presagios. La descripción es escalofriante en su imparable ejecución.

Aunque no esperaríamos que las circunstancias únicas que rodearon la destrucción de Israel constituyeran una fórmula para el presente, hay algunas cosas sorprendentes que notar. El escenario concierne a:

- Líderes impíos

- Un gobierno que aprueba leyes inmorales

- División

- Violencia

- Una desolación que llega desde lejos

- Un ataque enemigo

- Fuego en la tierra

- Destrucción

El *Shemitá* y el misterio del futuro

¿Qué sucede con el presagio del *Shemitá*? ¿Podría su misterio revelar lo que espera más adelante?

Como escribí al comienzo de este libro, debemos tener cuidado con respecto a fijar fechas en cuanto a cuándo deben tener lugar ciertos acontecimientos. El asunto no es de fechas sino del llamado al arrepentimiento y a regresar. Mi preocupación con el enfoque en las fechas es que puede alejar del asunto central del arrepentimiento. He advertido de un futuro juicio, pero también he advertido contra poner las obras de Dios en un molde con respecto al tiempo de ese juicio. Dios no *tiene* por qué actuar de la misma manera o según el mismo momento en que lo ha hecho en el pasado. Las señales proféticas por lo general no suceden de modo rutinario o según un calendario. Hay años del *Shemitá* que manifiestan dramáticamente el misterio y otros que no lo hacen. Nada *tiene* que suceder en el siguiente *Shemitá*.

Después de haber dicho eso, también debo dar una segunda advertencia: Dios *puede* obrar como lo ha hecho en el pasado y *puede* traer juicio en el tiempo del *Shemitá*. En vista de ambas advertencias, es sabio que seamos conscientes del *Shemitá* y sus días.

El patrón de comienzo y final

Aunque nada de importancia tiene que tener lugar en cualquier año dado del *Shemitá*, si algo de importancia fuese a suceder, ¿cómo podría manifestarse? El comienzo del *Shemitá* puede marcar el comienzo del cambio y la variación del ímpetu. Al mismo tiempo, si tuviera lugar un cambio o variación en este punto, con mayor frecuencia tiende a constituir una primicia, un anuncio de lo que está por delante, una sutil indicación en comparación con lo que llegará al final. Si hay un cambio en este punto, su llegada puede o puede que no sea notable al principio.

El patrón general es el siguiente: a medida que progresa el *Shemitá*, y en particular cuando se acerca a su fin, su intensidad aumenta. A medida que el *Shemitá* se acerca al momento de su día y estela climáticos, es entonces cuando acontecimientos dramáticos relacionados con su llegada se manifiestan, se intensifican o se acercan a su punto álgido.

En el caso de septiembre de 2000, el comienzo del *Shemitá* fue en paralelo con un descenso en la producción nacional, una de las señales de la recesión. Pero fácilmente se podría haber pasado por alto. A mitad de camino del *Shemitá*, el descenso se fusionó con una recesión declarada; y sin embargo, el momento más dramático del *Shemitá* se manifestó en su última semana. Fue la semana en que el ataque del 11 de septiembre y el posterior desplome de Wall Street tuvieron lugar. El patrón general es que el momento más dramático o intenso del *Shemitá* es el que conduce al 29 de Elul, o el que procede del 29 de Elul: el día de Anulación.

El *Shemitá* por llegar

Entonces, ¿cuál es el siguiente *Shemitá*? El *Shemitá* comienza en septiembre de 2014. Su primer día, 1 de *Tishri*, comienza al atardecer del miércoles en la noche, 24 de septiembre, y termina al atardecer del 25 de septiembre. Pero una vez más, es en el final y la estela del *Shemitá* cuando se sienten las repercusiones más dramáticas. En cada uno de los dos últimos *Shemitá*, la fecha final del 29 de Elul vio los mayores desplomes en la historia de la Bolsa de Valores. El próximo *Shemitá* terminará en septiembre de 2015. Su último día climático, el 29 de Elul, el día de Remisión, caerá en domingo, 13 de septiembre. Como los mercados están cerrados ese día, esto descartaría el comienzo de un desplome de mercados ese día, por lo que respecta a Estados Unidos.

Pero hay otras posibilidades. Aunque no tiene que suceder nada en ese momento o alrededor de esas fechas, si algo fuese a suceder, un desplome o calamidad podría tener lugar justamente antes o después de ese fin de semana, o a la vez antes y después. También podría tener lugar dentro del periodo mayor de Elul-*Tishri* que rodea al 29 de Elul. Otra posibilidad es la de un acontecimiento desencadenante que tenga lugar fuera del periodo de apertura de los mercados y que pudiera producir un desplome en el mercado, como en el caso del 11 de septiembre. Y existe la posibilidad de que tenga lugar una calamidad fuera de los ámbitos financiero y económico, y que a la vez cause del desplome de esos dos ámbitos.

Vale la pena notar que tal como sucedió en 2001, así volverá a ser en 2015: el último día en que el mercado estará abierto antes del 29 de Elul, el día de Anulación, será el 11 de septiembre.

Durante 2015 habrá dos eclipses solares. Es interesante que ambos tendrán importancia con respecto al momento del *Shemitá*. Uno marcará el punto central exacto del *Shemitá*, y el otro marcará su último día climático: 29 de Elul. La última vez que un eclipse solar cayó en 29 de Elul de un año del *Shemitá* fue veintiocho años antes, en septiembre de 1987. Dio entrada al mayor desplome en porcentaje de la Bolsa de Valores en la historia estadounidense ese mismo mes. (Ver el epílogo para saber más sobre estos eclipses solares al igual que sobre las lunas de sangre).

El qué del misterio

De nuevo, como afirmamos antes, no podemos esperar que aparezcan acontecimientos proféticos según un calendario regular o se manifiesten en consonancia. Nada importante *tiene* que suceder dentro del *Shemitá* de 2014-2015. El fenómeno puede manifestarse en un ciclo, y no en otro, y después de nuevo en el siguiente. Y el enfoque del mensaje no es establecer fechas sino el llamado de Dios al arrepentimiento y a regresar. Al mismo tiempo, podría tener lugar algo de importancia, y es sabio observar los tiempos.

Independientemente de lo que tenga lugar o no en el próximo *Shemitá*, e independientemente del *cuándo* implicado en el misterio, es sabio que ahora tomemos nota del *qué*, la esencia del misterio, y lo apliquemos a Estados Unidos y al mundo con respecto al juicio en tiempos futuros.

El misterio del *Shemitá*; tiempo futuro

Si el *Shemitá* ha de manifestarse en forma de juicio con respecto a Estados Unidos y el orden mundial dirigido por

Estados Unidos, y la edad americana, podemos esperar varias cosas con respecto a su manifestación:

- El juicio afirmará la soberanía de Dios sobre todas las cosas.

- El juicio golpeará el ámbito de las bendiciones, la prosperidad y el sostén de Estados Unidos, y de las naciones.

- El juicio implicará desplome.

- El juicio humillará el orgullo de Estados Unidos y del hombre.

- El juicio dejará al descubierto la dependencia de Dios por parte de Estados Unidos y del hombre.

- El juicio separará la riqueza de los ricos y las posesiones del propietario.

- El juicio eliminará aquello que haya sido construido.

- El juicio compensará desequilibrios y borrará cuentas dentro de la nación y entre las naciones.

- El juicio causará un cese de funcionamiento y un final dentro de Estados Unidos y del mundo.

- El juicio dará testimonio contra el materialismo en la civilización estadounidense y en todo el mundo.El juicio dejará claro el vínculo entre el ámbito físico y material de Estados Unidos y el de lo espiritual.

- El juicio liberará implicaciones, compromisos y ataduras dentro de la nación y entre las naciones.

- El juicio golpeará los ámbitos económico y financiero de Estados Unidos, y el de las naciones.

- El juicio tendrá impacto en los ámbitos del trabajo, la producción, el empleo, el consumo, los beneficios y el comercio.

- El juicio causará que la producción, el comercio, el mercado, el trabajo, la inversión y el beneficio cesen o disminuyan severamente.

- El juicio anulará, transformará y eliminará las cuentas financieras de Estados Unidos y de las naciones.

- El juicio causará que no se pague el crédito y que la deuda sea liberada dentro de Estados Unidos y del mundo.

- El juicio eliminará aquello que ha sido acumulado en el ámbito financiero estadounidense y en el del mundo.

- El juicio se manifestará como una señal de juicio a una nación que ha apartado a Dios de su vida, ha rechazado sus caminos y ha buscado las bendiciones y los ídolos materiales en lugar de Él.

- El juicio derribará los objetos del orgullo y la gloria estadounidense.

- El juicio tocará no sólo los ámbitos financiero y económico sino también cada ámbito de la sociedad y la vida.

- El juicio eliminará la estructura de la cultura, de sistemas, de la civilización.

- El juicio eliminará realidades físicas.

- El juicio alterará el paisaje de naciones y potencias.

- El juicio implicará y afectará el ascenso y la caída de grandes potencias.

- El juicio llamará a Estados Unidos a regresar a Dios.

El *Shemitá* de la era americana

El asunto de lo que espera en el futuro no estaría completo sin hablar de la advertencia profética que yace en el centro del misterio. Hemos visto el derrumbe de mercados financieros, el desplome de economías, y la eliminación de aquello que ha sido construido; y todas estas cosas unidas al *Shemitá*. Cada una de ellas tiene que ver con la eliminación de la bendición. ¿A qué se debe eso?

El *Shemitá* es el recordatorio a cualquier nación o civilización de que sus bendiciones vienen de Dios. Y sin Dios, esas bendiciones no pueden perdurar. Es una advertencia a una nación fundada sobre los propósitos de Dios y bendecida por la mano de Dios, pero que ahora cada vez más hace guerra contra el Dios de sus bendiciones. El *Shemitá* es una advertencia a esa nación de que sus bendiciones no pueden perdurar.

Y entonces está la advertencia profética contenida en el hebreo, ya que *shemitá* literalmente significa "dejar caer", "permitir el desplome". La advertencia es esta: ninguna nación puede desafiar los caminos y la voluntad de Aquel que es su fuente de bendiciones y esperar que esas bendiciones continúen. Sin Él como el fundamento, las bendiciones serán apartadas, y aquello que ha sido construido, sin importar cuán elevado se haya levantado, se desplomará.

La "edad americana" y el "imperio americano", como algunos lo han denominado, han sido levantados muy alto. La advertencia aquí es esta: si Estados Unidos continúa en su actual curso, su lugar como la cabeza de las naciones caerá y se permitirá el desplome de la edad y el orden global americanos.

Una gran sacudida

En cuanto a cosas que observar: después del tiempo del *Shemitá*, lo que puede notarse es el momento de la finalización del último presagio: la torre en la Zona Cero. Además de eso, sería sabio también tomar nota del traspaso que Estados Unidos ha hecho de umbrales clave en su descenso espiritual y moral.

Independientemente de cuando tenga lugar, ya sea en los días del *Shemitá* o después, creo que una gran sacudida llegará a esta nación y al mundo. Creo que esa sacudida implicará desplome financiero y económico, aunque no necesariamente estará limitada a estos ámbitos. El desplome en los ámbitos financiero y económico puede estar marcado, desencadenado o acompañado por acontecimientos en otros ámbitos. Y ya sea figuradamente, o más que figuradamente, creo que será, de una forma u otra, como una hambruna en la tierra.

Aunque tales cosas tienen lugar como señales de juicio nacional, suceden también con el propósito de redención y misericordia, para que una nación endurecida y ensordecida a la voz de Dios finalmente pueda oír, despertar, volverse y regresar.

- - - - - - - - - - - -

Comenzamos contemplando las ruinas de Jerusalén con el profeta Jeremías en el año 586 a. C. Sólo podemos imaginar lo que él sintió mientras miraba la devastación. Por encima de su tristeza estaba el hecho de que lo vio venir todo antes de que sucediera. ¿Y si a nosotros, en el caso presente, se nos hubiera dado una mirada previa y una advertencia previa? ¿Qué hacemos? Si fuese a llegar calamidad, ¿cómo nos preparamos? ¿Hay esperanza? ¿Y cuál es la respuesta?

Acudimos ahora a estas últimas y críticas preguntas.

Capítulo 25

EL ÚLTIMO *SHEMITÁ*

Las ruinas, el profeta y la esperanza

¿H AY ESPERANZA? ¿PODEMOS evitar el juicio? Y si llega juicio, ¿hay esperanza en medio de él? Y después que llegue el juicio, ¿hay alguna esperanza en su estela?

Para obtener la respuesta debemos regresar una última vez a las ruinas quemadas de Jerusalén en el año 586 a. C. El profeta Jeremías había advertido a su nación incesantemente que llegaría el día de su calamidad. ¿Pudieron ellos haberla evitado? Podrían haberlo hecho, si hubieran regresado a Dios. Un avivamiento les habría salvado. Pero eso hubiera requerido arrepentimiento, un cambio de dirección, y alejarse de sus pecados. Pero ellos se negaron a escuchar la advertencia de los profetas. Se negaron a regresar. Y llegó el juicio.

Y *en medio* de su juicio, ¿había alguna esperanza? La respuesta vuelve a ser sí. El juicio había llegado en etapas. Durante esas etapas, Jeremías siguió profetizando a la nación, siguió advirtiéndoles, y siguió rogándoles que siguieran la voluntad de Dios y evitasen la calamidad total. De nuevo, ellos se negaron. Y de nuevo, cayó juicio.

Y *después* de que cayese el juicio, ¿hubo alguna esperanza entonces? Cualquiera que fue testigo de la quema de Jerusalén, la desolación de la tierra y la deportación obligada del pueblo al exilio, habría respondido que la esperanza de la nación se había ido. Sin embargo, *había* esperanza.

Si no hubiera habido esperanza, ¿por qué Dios habría enviado profetas, advertencias y profecías con respecto al futuro? Pero había una razón incluso más antigua para la esperanza: el misterio del *Shemitá*. Fue este misterio el que ordenaba específicamente que la tierra quedaría desolada hasta que el tiempo se hubiera completado. En el tiempo establecido, la cautividad terminaría, el pueblo regresaría, y la nación sería restaurada.

La pregunta de la esperanza

¿Y qué sucede ahora? ¿Y qué de Estados Unidos? ¿Hay esperanza? Si no hubiera ninguna esperanza, no habría ningún presagio. ¿Cuál sería el propósito de dar una advertencia si no hubiera esperanza alguna de responder a esa advertencia? Si hay advertencia, entonces hay esperanza.

¿Hay alguna esperanza de que Estados Unidos evite el juicio? Si hay arrepentimiento y avivamiento, sí. Pero si la nación continúa en su actual curso, entonces la respuesta es no. ¿Parece que Estados Unidos regresará a Dios? En el presente y en la dirección en la que la nación está ahora avanzando, no.

¿Y qué sucederá cuando caiga el juicio; habrá esperanza en ese tiempo? Para quienes respondan a la voz y el llamado de Dios, sí. Para quienes no lo hagan, no.

Y después de la llegada de juicio o calamidad, ¿habrá esperanza? Sí, para quienes se vuelvan a Dios.

Juicio o avivamiento, sacudida y calamidad

Entonces, ¿habrá juicio o avivamiento? Puede haber ambas cosas: juicio *y* avivamiento. El avivamiento puede incluso llegar mediante el juicio. Puede haber juicio sobre una civilización y salvación y avivamiento para aquellos dentro de esa civilización que se vuelven a Dios.

Si ha de llegar una gran sacudida, ¿cuál es la esperanza? Respondería que es precisamente lo contrario: sin ninguna sacudida, hay poca posibilidad de esperanza. Estados Unidos se ha endurecido tanto a la voluntad de Dios y ha ensordecido tanto a su voz, que solamente algo de gran magnitud tiene alguna esperanza de causar efecto. Está escrito que Dios no quiere que nadie perezca sino que todos lleguen al arrepentimiento (2 Pedro 3:9). El corazón de Dios es salvar, restaurar y redimir. Y por tanto todas las cosas, incluso sacudida y calamidad, deben verse mediante esa verdad.

La caída de ídolos

El *Shemitá* tiene un propósito. Manifiesta la soberanía de Dios y su dominio sobre todas las cosas, y deja al descubierto la ilusión de la soberanía y el dominio del hombre. Declara que todas las bendiciones vienen de Dios. Llama al hombre a alejarse del ámbito físico y acercarse al espiritual; le llama a regresar a Dios. Por tanto, el *Shemitá* es necesario. Y al tratar con una cultura o civilización enredada en materialismo, prosperidad, carnalidad, idolatría, altivez, ensimismamiento, y la idea de que el hombre es soberano para hacer lo que le plazca, el *Shemitá* se vuelve aún más necesario.

En el día de la llegada del *Shemitá*, las ilusiones quedan al descubierto, los enredos son rotos, el orgullo es humillado, los dioses son juzgados, y los ídolos son eliminados; incluso las ilusiones, enredos, ídolos y dioses en las vidas del propio pueblo de Dios.

El último *Shemitá*

Incluso cuando llega en forma de juicio, el *Shemitá* es en última instancia una manifestación de misericordia en cuanto a que recuerda, vuelve a llamar y advierte, a la vista de un mayor *Shemitá* que ha de llegar. Este mayor *Shemitá* concierne no tanto a naciones, sino a cada individuo, cada vida. Es el último *Shemitá*.

El último *Shemitá* declara que todas las cosas, nuestras vidas, nuestro ser, nuestro aliento, llegan como regalos de Dios. Por nosotros mismos, no tenemos nada. Todas nuestras ideas de propiedad son una ilusión; todo nuestro orgullo, un engaño. No somos soberanos sino completamente dependientes. Todo lo que tenemos, nuestras posesiones, nuestro dinero, nuestra riqueza, cada momento de nuestra vida, todo nos ha sido dado.

Cada latido del corazón es prestado. Todo en este mundo que nos atrae o nos repele, nos enreda o nos impulsa, todo lo que perseguimos, lo que pensamos o para lo que vivimos, es temporal, fugaz y pasajero. Por tanto, el significado de esta vida no se encuentra en nada de esta vida, sino en Aquel que está tras ella. Y el propósito de esta vida no se encuentra en buscar nada de esta vida, sino en buscar a Aquel que lo dio.

El *Shemitá*, como hemos visto, está relacionado con el número siete. En la Biblia, el número siete habla de terminación, lo completo, el fin. El último *Shemitá* es aquel que llega al final de nuestro tiempo en la tierra, la terminación, el fin de nuestra vida. El *Shemitá* declara que las bendiciones de una nación son regalos de Dios. El último *Shemitá* declara que todo y cada momento que tuvimos en esta tierra fue un regalo de Dios. Todo lo que "poseímos" era solamente prestado. Todo le pertenecía a Él, incluso nuestros días.

El *Shemitá* separa la posesión del poseedor. El último *Shemitá* nos separará de todo lo que poseímos en la tierra. El *Shemitá* elimina lo que ha sido edificado en el periodo de tiempo anterior. El último *Shemitá* eliminará todo lo que haya sido edificado en nuestro tiempo en la tierra. El *Shemitá* causa cese, y así también el último *Shemitá*. Tal como hace el *Shemitá*, así también el último *Shemitá* nos aleja del ámbito material hacia el espiritual. Tal como hace el *Shemitá*, así también el último *Shemitá* nos hace libres de los enredos, los compromisos y las ataduras.

Así como el *Shemitá* significa "dejar caer", así también el último *Shemitá* será dejar caer nuestro ser y existencia terrenales. Al igual que el *Shemitá* se observa soltando las posesiones propias, así también en el último *Shemitá* soltaremos nuestras posesiones terrenales y esta vida misma. Tal como el *Shemitá* significa "liberación", así también en el último *Shemitá* cada uno será liberado de esta vida. Y tal como el *Shemitá* aleja a la persona de lo físico y le acerca a Dios, así también el último *Shemitá* nos alejará de la esfera de lo físico y nos acercará a Dios.

La pregunta final

Cerca del final de *El presagio*, el profeta hace una pregunta a Nouriel: "¿Y qué harás tú en el día del Juicio?".

Es la pregunta definitiva que a cualquiera de nosotros podrían hacernos. Porque el último *Shemitá* conduce a la eternidad. Hemos visto el vínculo entre el *Shemitá* y el juicio. Por tanto, también el último *Shemitá* y el juicio final están unidos. Cuando las personas oyen el mensaje de *El presagio*, con frecuencia preguntan: "¿Qué debo hacer a la vista de la próxima calamidad?". La pregunta es importante. La Biblia dice: "El avisado ve el mal y se esconde" (Proverbios 27:12).

Pero independientemente de si vemos el juicio de una nación o de naciones, el hecho es que todos veremos el día del Juicio. La Escritura declara que todos estaremos delante de Dios en ese día. Y ese día no importará el grado de nuestros pecados. Cualquier pecado, independientemente de su naturaleza y su grado, será infinitamente y eternamente juzgado. Si entonces no estamos a cuentas con Dios, si entonces no hemos sido salvos, si no hemos recibido la salvación que nos ofrece, entonces habrá solamente una posibilidad: separación eterna de Dios, juicio eterno.

Al final se reduce a dos destinos: cielo o infierno. Según la Palabra de Dios, lo que se interpone entre las dos eternidades no es lo religiosos que fuimos, lo buenos o malos que fuimos, o ninguna otra cosa excepto una: ¿nacimos de nuevo? Este hecho no podría afirmarse con más claridad en la Escritura: "el que no naciere de nuevo, no puede ver el reino de Dios" (Juan 3:3).

Yeshua

¿Cómo puede uno estar seguro en los días del juicio? La respuesta está en que, en hebreo, la palabra para "seguridad" es *yeshua*. Esta es la misma raíz de la que obtenemos el nombre Yeshua, el cual, traducido al español, se convierte en "Jesús". En los días del juicio de una nación, y el día del juicio final, fuera de Yeshua, Jesús, no hay seguridad ni salvación; pero dentro de Él no hay temor. La clave es tener toda la vida, cada parte de ella, en Él, que es salvación. Como está escrito:

> Porque de tal manera amó Dios al mundo, que ha dado a
> su Hijo unigénito, para que todo aquel que en él cree, no
> se pierda, mas tenga vida eterna.
> —Juan 3:16

La Biblia registra que el mayor amor manifestado jamás en este mundo fue el amor de Dios en el Mesías, muriendo en una estaca de ejecución en nuestro lugar, por nuestros pecados, para llevar nuestro juicio, y después resucitar de esa muerte a la vida, para que nosotros pudiéramos ser salvos. ¿Cómo se llega a nacer de nuevo? En la Biblia también se declara que cualquiera que le recibe a Él verdaderamente, que cree verdaderamente en Él, que verdaderamente le hace el Señor y Salvador de su vida, y que verdaderamente le sigue como su discípulo, ese es aquel que nace de nuevo: es salvo. Puede comenzar con una decisión, una oración o un compromiso de corazón, la respuesta a un llamado: el comienzo de una nueva vida.

Aquello que cae y aquello que permanece

Cuando el *Shemitá* del año 2000 se acercaba a su fin, Estados Unidos vio el desplome de sus dos colosales torres. Pero cuando las torres cayeron, un objeto quedó en pie. Era una cruz de hierro que se forjó en la calamidad: en medio de la calamidad, un símbolo de esperanza; ante el odio del hombre, el amor de Dios. Eso, en sí mismo, fue una señal.

El *Shemitá* declara que, al final, todas las cosas pasarán, todo se desplomará y caerá, a excepción de esto: Dios, su amor y su salvación. Todo lo demás que nosotros buscamos y en lo que pensamos no significará nada. Todo ello pasará. Pero el amor de Dios y su salvación no caerán, no se desplomarán, ni tampoco fallarán, sino que permanecerán para siempre. Y lo único que importará entonces es si le buscamos a Él, si le encontramos y si nos pusimos a cuentas con Él, en ese amor y en esa salvación.

Ahora y por siempre

La Biblia dice que "ahora" es el tiempo de salvación. Ahora es el tiempo de poner a cuentas con Dios la vida. No puede posponerse hasta mañana. El único día que tenemos es el presente, y el único momento es ahora. El tiempo está avanzado. Cualquier cosa que no sea correcta en su vida, cualquier cosa que no sea de Dios o no esté en su voluntad, ahora es el momento de quitarla de su vida. Y cualquier cosa que Dios le esté llamando a hacer o ser, ahora es el momento de hacerlo, de serlo, y de incorporarlo a su vida.

El sonido de una alarma no puede, por naturaleza, ser agradable. No puede serlo, pues de otro modo no serviría a su propósito de despertar y a advertir. *El presagio* y *El misterio del Shemitá* no son solamente la revelación de misterios sino también el sonido de alarmas. Siempre que he sido tentado a descansar de hacer sonar la alarma, recuerdo la palabra de Dios a Ezequiel: si el vigilante ve venir el peligro y no hace sonar la trompeta para advertir al pueblo, cuando la calamidad llegue la sangre de ellos estará sobre su cabeza. Por tanto, hago sonar la trompeta.

El tiempo está avanzado. De un modo o de otro, el juicio llegará. Por tanto, ahora es el tiempo para ser salvo. Ahora es el tiempo para hacer lo que haya que hacer para ponerse a cuentas con Dios. Y para aquellos que responderán al llamado, ahora es el tiempo para que sea grande.

Las alarmas han sonado. Las trompetas han sonado. El llamado ha salido. Nos queda una opción: responder o no. *El presagio* concluye con una última llamada: las últimas palabras del profeta. Me despido de quien lee esto con las mismas palabras:

Y quienes tengan oídos para oírla, que la oigan... y sean salvos.

EPÍLOGO

LOS SOLES NEGROS Y EL SÉPTIMO *SHEMITÁ*

UNA ÚLTIMA NOTA: LOS SOLES NEGROS (Y LAS LUNAS ROJAS)

Las señales y el Moedeem

E L FENÓMENO DE los eclipses solares se ha producido, hasta aquí, dos veces. El espacio que tenemos aquí permitirá dar algunos detalles más. Hemos observado que los rabinos consideraban los eclipses solares como señales de juicio. La referencia se encuentra en el escrito rabínico Sukkah 29a:

Nuestros rabinos enseñaron que cuando el sol esté en eclipse, es un mal augurio para todo el mundo... Nuestros rabinos enseñaron: "Cuando el sol esté en eclipse, es un mal augurio para quienes adoran ídolos. Pero cuando haya un eclipse de luna, es un mal augurio para Israel, ya que Israel mide el tiempo según la luna y quienes adoran ídolos según el sol".[1]

Ahora bien, desde luego, los eclipses solares y lunares son fenómenos naturales y regulares determinados por los relativos movimientos del sol, la tierra y la luna. Y los escritos rabínicos no tienen autoridad bíblica. Pero hay una base bíblica para relacionar el oscurecimiento del sol y de la luna, en circunstancias específicas, con el juicio.

> He aquí el día de Jehová viene… Por lo cual las estrellas de los cielos y sus luceros no darán su luz; y el sol se oscurecerá al nacer, y la luna no dará su resplandor.
>
> —Isaías 13:9-10

> Porque cercano está el día de Jehová en el valle de la decisión. El sol y la luna se oscurecerán…
>
> —Joel 3:14-15

> E inmediatamente después de la tribulación de aquellos días, el sol se oscurecerá, y la luna no dará su resplandor.
>
> —Mateo 24:29

Soles negros y lunas rojas

Los acontecimientos de los que se habla en estos pasajes no son ocurrencias regulares naturales, sino eventos apocalípticos. Añadamos a eso que un eclipse solar y un eclipse lunar no pueden tener lugar de modo natural al mismo tiempo.

Las Escrituras hablan del sol, de la luna y de las luces celestes funcionando como "señales". La palabra hebrea utilizada en Génesis 1:14 es *otote*; también puede traducirse como "evidencia", "marca" y "augurio". El mismo versículo declara que estarán relacionados con días, años y "periodos". Pero la palabra hebrea traducida como periodos es *moedeem*. *Moedeem* significa literalmente "una cita", "el momento designado" o "la reunión designada". Es la misma palabra utilizada para los días santos de Israel. Si añadimos a esto el énfasis de las Escrituras en estas luces celestes como señales de juicio y de los últimos tiempos, tenemos que concluir, al menos, que a veces pueden servir como señales de acontecimientos importantes.

Con respecto a los eclipses lunares, se ha destacado que una serie única y singular de cuatro de tales eclipses ha de aparecer desde la primavera de 2014 hasta el otoño de 2015, cada uno en una fiesta judía. También se han denominado "lunas de sangre" debido al color rojizo que adquieren en mitad del eclipse. El que se produzcan cuatro eclipses lunares consecutivos, cada uno de ellos en una fiesta judía, ha tenido lugar solamente seis veces en los últimos dos mil años. Tres de esas ocasiones han sido relacionadas con acontecimientos fundamentales en la historia judía: la expulsión del pueblo judío de España, el renacimiento de Israel y la recuperación de Jerusalén.

¿Hay algún vínculo posible entre estos acontecimientos y el *Shemitá*?

Aparte de sus seis primeros meses, esta serie de lunas de sangre o eclipses lunares tendrá lugar dentro del siguiente *Shemitá* o su estela de otoño. Un eclipse lunar tendrá lugar en el mes de *Tishri* que da comienzo al *Shemitá*. El siguiente aparecerá en la primavera marcando el centro del *Shemitá*. Y el último tendrá lugar en el mes de *Tishri* que pone fin al *Shemitá* y marca su estela climática.

Pero lo que con frecuencia se ha pasado por alto es la importancia de los eclipses solares con respecto a su momento.

El sol negro y el presagio

Hemos observado el vínculo en el tiempo entre el oscurecimiento del sol y la torre de la Zona Cero. Como el cuarto de los nueve presagios, la torre ya constituye una señal de juicio.

Pero como hemos visto, cuando la torre alcanzó toda su altura, el día en que la torre fue coronada con su antena, el sol se oscureció. La torre fue coronada el día de un eclipse solar.

Se había hecho otro intento de coronar la torre dos semanas antes, pero tuvo que abandonarse debido a las fuertes ráfagas de viento en lo alto de la torre aquel día. La fecha era 29 de abril. En el aniversario del primer intento de coronar la torre, el 29 de abril del año siguiente, el sol quedó nuevamente oscurecido, otro eclipse solar vinculado al momento del ascenso de la torre.

El sol negro y el *Shemitá*

El fenómeno no está solamente relacionado con la torre sino, en ciertas ocasiones con el *Shemitá*. El oscurecimiento del sol a veces ha convergido en el climático fin del *Shemitá*. Eso no significa que tenga que ocurrir un evento de importancia en tal momento. La convergencia se produjo en 1959 sin ningún aparente acontecimiento de importancia correspondiente.

Por otra parte, cuando el sol se ha oscurecido en el momento del final climático del *Shemitá*, en más de una ocasión ha sido señal de un acontecimiento de gran importancia, y un acontecimiento que resulta que tiene lugar en el mismo ámbito señalado por la Escritura con respecto al final del *Shemitá*: el ámbito financiero.

El sol negro de 1931

En 1931 tuvo lugar un eclipse solar el día 12 de septiembre. Sucedió al final del año del *Shemitá*. En el calendario hebreo, el eclipse tuvo lugar el día 1 de *Tishri*, el mismo día que pone fin al *Shemitá* y que comienza en el momento de la conclusión climática del *Shemitá*, en el atardecer del 29 de Elul, el momento de la anulación financiera.

Ocho días después de la convergencia, Inglaterra abandonó

el estándar del oro y desencadenó desplomes del mercado y caídas bancarias en todo el mundo. El oscurecimiento del sol en el final del *Shemitá* dio entrada al mayor desplome en porcentaje de la Bolsa de Valores, de un mes de duración, en la historia de Wall Street.

El sol negro de 1987

En 1987 tuvo lugar un eclipse solar el día 23 de septiembre. Sucedió al final del año del *Shemitá*. Tuvo lugar el día exacto de ese final, 29 de Elul, el día climático de anulación financiera.

Menos de treinta días después de esa convergencia llegó quizá el desplome más misterioso en la historia de Wall Street. El sol negro había dado entrada al "lunes negro", el mayor desplome en porcentaje en la historia de Wall Street. De nuevo, el oscurecimiento del sol en el final climático del *Shemitá* había producido el mayor de los desplomes financieros en la historia estadounidense.

En términos de la proporción del mercado que fue eliminado, la convergencia del final del *Shemitá* con el sol negro ha marcado tanto el mes más negro como el día más negro en la historia de Wall Street.

El próximo sol negro

La mayor parte del próximo *Shemitá* tendrá lugar en el año 2015. Durante ese año habrá dos eclipses solares. El primero tendrá lugar el 20 de marzo. En el calendario bíblico, hasta el atardecer, el 20 marzo es 29 de Adar. Desde el atardecer en adelante, es 1 de Nisán. Es la mitad exacta del año del *Shemitá*. Así, el oscurecimiento del sol marcará el comienzo del año sagrado, y el punto central exacto del *Shemitá*.

El segundo eclipse solar de 2015 tendrá lugar el 13 de septiembre. El 13 de septiembre es 29 de Elul; de nuevo, precisamente el día que constituye el final climático del *Shemitá*, el día de Anulación.

Tal como sucedió en septiembre de 1931 y de nuevo en septiembre de 1987, caerá en el final climático del *Shemitá*. En el pasado, esto dio entrada a los peores desplomes en la historia de Wall Street. ¿Qué producirá esta vez?

De nuevo, como antes, el fenómeno no tiene que manifestarse en la próxima convergencia. Pero al mismo tiempo y de nuevo, es sabio tomar nota.

UN ÚLTIMO MISTERIO: EL SÉPTIMO *SHEMITÁ*

El Jubileo

UN ÚLTIMO MISTERIO, y uno que revela no sólo la naturaleza profética del *Shemitá* sino también su dinámica de redención.

En la Biblia, cada séptimo día es un día de reposo. Cada séptimo año es un *Shemitá* o año de reposo. Y cada séptimo *Shemitá* conduce al año llamado "Jubileo". El Jubileo siempre sigue al año del *Shemitá*.

> Y contarás siete semanas de años, siete veces siete años,
> de modo que los días de las siete semanas de años ven-
> drán a serte cuarenta y nueve años. Entonces harás tocar
> fuertemente la trompeta en el mes séptimo a los diez
> días del mes...
>
> —Levítico 25:8-9

La palabra *jubileo* ha llegado a significar un tiempo de celebración o aniversario, pero la palabra viene del hebreo *yobale*.
Yobale significa "toque de trompeta". El Jubileo se anunciaba
con el toque de trompeta por toda la tierra.

El año de poner en libertad

Como la coronación del séptimo *Shemitá*, o el séptimo ciclo de
siete años, el Jubileo era cierto tipo de un súper *Shemitá*. Era
el *Shemitá* llevado a un nuevo nivel. En el año del *Shemitá* la
tierra descansaba; así también en el año del Jubileo:

> El año cincuenta os será jubileo; no sembraréis, ni sega-
> réis lo que naciere de suyo en la tierra, ni vendimiaréis
> sus viñedos.
>
> —Levítico 25:11

En el año del *Shemitá* llegaba liberación; pero en el año del
Jubileo la liberación adoptaba un nuevo significado. No era
simplemente soltar la tierra o la deuda. En el Jubileo, esclavos
y prisioneros eran puestos en libertad. Por tanto, era el año de
la libertad:

> Y santificaréis el año cincuenta, y pregonaréis libertad en
> la tierra a todos sus moradores.
>
> —Levítico 25:10

El año de restauración y de regreso a casa

Para quienes tenían deudas, el *Shemitá* producía restauración cuando todas las deudas eran eliminadas. Pero en el Jubileo, la restauración implicaba aún más:

> Ese año os será de jubileo, y volveréis cada uno a vuestra posesión, y cada cual volverá a su familia… En este año de jubileo volveréis cada uno a vuestra posesión.
> —Levítico 25:10, 13

Si alguien había perdido la herencia o la herencia de un familiar, en el año del Jubileo esa herencia sería devuelta. El Jubileo era el año de restauración, el año de reconciliación, y el año del regreso. En el Jubileo, si otros habían tomado posesión de la tierra de alguien, tenían que entregarla. El Jubileo veía a individuos regresando a sus familias, a familias regresando a sus hogares y tierras ancestrales, posesiones regresando a sus dueños, y a los desposeídos regresando a sus herencias.

Nadie sabe actualmente con seguridad cuándo cae el año del Jubileo.

Año 70 d. C.: la pérdida de Sión y Jerusalén

Era el año 70 d. C. La guerra había comenzado cuatro años antes, y ahora alcanzaba su momento climático. Jerusalén estaba bajo asedio por el ejército romano dirigido por Tito, hijo del recién coronado emperador Vespasiano. Dentro de la ciudad había caos, división y hambre. Finalmente, las fuerzas romanas entraron rompiendo los muros. El templo fue incendiado. Jerusalén cayó. Incontables miles de sus habitantes resultaron muertos, y cientos de miles fueron esclavizados.

Cuarenta años antes, el rabino galileo Yeshua, conocido después como "Jesús", había profetizado que Jerusalén sería destruida y que el pueblo sería llevado cautivo a las naciones. Sus palabras se habían hecho realidad. El pueblo judío había perdido su tierra natal y su posesión terrenal más preciada: la santa ciudad de Jerusalén. Estarían vagando por el mundo durante casi dos mil años, de nación en nación, oprimidos, perseguidos y atormentados, mientras su tierra quedaba desolada, estéril y amenazada.

Extraños en la tierra y profecías de regreso

Pero la profecía bíblica anunciaba que en los tiempos del fin Dios reuniría al pueblo judío desde los extremos de la tierra y los haría regresar de nuevo a la tierra de Israel, su antigua tierra natal, y a Jerusalén, su ciudad santa. El regreso del pueblo judío a la tierra de Israel es el evento central de la profecía de los últimos tiempos. Durante gran parte de los últimos dos mil años, la idea de tal regreso parecía una imposibilidad.

El pueblo judío había sido dispersado hasta los confines de la tierra, y muchos no tenían intención alguna de regresar a su tierra de antaño. Y la tierra de Israel misma estaba en manos de otros. En el año 70 d. C. la tierra fue tomada por ejércitos romanos. Siglos después, estaría en manos bizantinas. Los bizantinos fueron conquistados por ejércitos árabes que ahora reclamaban la tierra para Mahoma y Alá. Después llegaron los Cruzados, y después de ellos más ejércitos musulmanes. En el siglo XV, la tierra cayó ante los turcos otomanos, quienes la gobernaron hasta el siglo XX.

Un cambio de imperios

En el siglo XIX el avivamiento barrió Inglaterra. Uno de los frutos de ese avivamiento fue un amor por el pueblo judío y la nación de Israel. Un ejemplo de ese amor fue la oración de un muchacho inglés a quien su madre le enseñó a incluir en sus oraciones:

Oh Señor, que no nos olvidemos de tu pueblo de antaño,

Israel; apresura el día en que Israel será de nuevo tu pueblo y será restaurado a tu favor y a su tierra.[1]

Sucedió que a principios del siglo XX, el imperio británico fue llevado a una guerra que implicaba al imperio turco otomano, la potencia que, en aquel momento, gobernaba sobre la tierra de Israel.

Durante la guerra, el imperio otomano se desmoronó, y fuerzas británicas dirigidas por el General Edmund Allenby entraron en la Tierra Santa. Los ingleses tomaron la ciudad de Jerusalén sin ninguna batalla. Allenby fue el muchacho que había orado cada noche a Dios que restaurase al pueblo judío a su antigua tierra natal. Ahora era él quien, como general británico, fue el instrumento clave para producirlo. Por primera vez en dos mil años, la tierra estaba en manos de una potencia que sentía empatía por el pueblo judío.

La restauración de la tierra

Un mes antes de la victoria de Allenby en Jerusalén, el gobierno británico emitió la Declaración de Balfour, que declaraba:

El gobierno de Su Majestad ve con favor el establecimiento en Palestina de un hogar nacional para el pueblo judío, y utilizará sus mayores esfuerzos para facilitar el logro de este objetivo...[2]

La Declaración de Balfour marcó un punto de inflexión en la restauración del pueblo judío a la tierra de Israel: el primero de tales puntos de inflexión en dos mil años. Por primera vez desde que el imperio romano llevó al pueblo judío al exilio, una importante potencia había abierto la tierra de Israel para el establecimiento de una tierra natal judía y el regreso del pueblo judío.

El misterio del *Shemitá* y la restauración de Sión

El Jubileo se centra en gran parte en la restauración de la tierra al desposeído. No podría haber habido nunca un Jubileo mayor o más trascendental para el pueblo judío con respecto a la restauración de la tierra que el lanzamiento de la Declaración de Balfour. ¿Por qué es esto importante aquí? ¿Qué tiene que ver con el misterio del *Shemitá*?

El Jubileo debe tener lugar en el año siguiente al año del *Shemitá*. Debe comenzar en el otoño, o Yom Kippur, el día de Expiación, siguiendo al final del *Shemitá*, en la estela de otoño del *Shemitá*. Allenby entró en Jerusalén el 11 de diciembre de 1917. La Declaración de Balfour fue emitida un mes antes, el 2 de noviembre. Menos de dos meses antes, el 16 de septiembre de 1917, el año del *Shemitá* había llegado a su conclusión. Por tanto, el año hebreo que comenzó en septiembre de 1917 y duró hasta septiembre de 1918 constituye "el año tras el *Shemitá*".

Si 1917 fue o no el año real del Jubileo en el calendario, no podemos decirlo. Pero con respecto al exilio de dos mil años del pueblo judío de su tierra, fue ciertamente un Jubileo profético, un mega Jubileo, un Jubileo de épocas. Y resulta que tuvo lugar en el año siguiente al *Shemitá*, tal como está ordenado en el antiguo decreto concerniente al Jubileo.

El Jubileo ha de ser un año de restauración. Después de dos mil años, en el año 1917, el primer acto oficial de regresar la tierra al pueblo judío tuvo lugar. En el año del Jubileo, cada uno debe "regresar a su posesión". Del mismo modo, en 1917 la puerta fue abierta para que el pueblo judío regresara a su posesión: la tierra de Israel.

En el año del Jubileo, si otros habían tomado posesión de la tierra de alguien, tenían que devolverla. De igual modo, en 1917 quienes habían tomado posesión de la tierra dada a Israel tenían que devolverla. Por tanto, así fue que el imperio turco otomano cedió la tierra. Ellos representaban dos mil años de gobierno extranjero sobre la tierra llegando a su fin.

En el Jubileo, cada uno ha de "regresar a su familia". Por tanto, en 1917, con la apertura de la tierra de Israel, el pueblo judío de todos los rincones del mundo regresó a su hogar y regresó a su familia.

En el Jubileo, uno regresaba a su hogar y su tierra ancestrales. En 1917 se abrió la puerta para que el pueblo judío regresara a su hogar ancestral, a la tierra de sus antepasados, a su herencia.

En el año del Jubileo eran liberados los cautivos. En el año 70 d. C. el pueblo judío fue llevado cautivo a las naciones. En 1917 se abrió la puerta para el final de los casi dos mil años de exilio, el final de la cautividad, los cautivos hechos libres, el Jubileo.

1967: la Guerra de los Seis Días

En la primavera de 1967 el gobierno egipcio, actuando según falsos informes de un ataque israelí proporcionados por la Unión Soviética, ordenó la movilización total del ejército egipcio como preparación para la guerra con Israel. El 19 de mayo, el presidente egipcio Nasser demandó que fuerzas de pacificación de las Naciones Unidas (ONU) dejasen Gaza y el Sinaí de inmediato. La ONU lo cumplió. El 22 de mayo, Egipto bloqueó barcos israelíes del Estrecho de Tiran. Israel consideró eso un acto de guerra, combinado con amenazas de guerra emitidas por las naciones árabes circundantes, e impulsó a Israel a dar un golpe preventivo. El 5 de junio, Israel lanzó la Operación Foco, una serie de ataques aéreos por sorpresa sobre bases de la fuerza aérea egipcia y árabe. Fue el comienzo de la Guerra de los Seis Días.

En la guerra de independencia de Israel, fuerzas jordanas se habían apoderado de la antigua ciudad de Jerusalén. Ahora, en los primeros días de la Guerra de los Seis Días, Israel apeló a Jordania que se mantuviera fuera de la lucha; pero Jordania se unió a otras naciones árabes en el ataque. El 7 de junio, tropas israelíes se acercaron a la antigua ciudad de Jerusalén que tenían las tropas jordanas. El General Mordechai Gur anunció a sus comandantes:

Estamos en este momento en la cresta de la montaña y estamos viendo la Ciudad Vieja. Dentro de poco vamos a entrar en la Vieja Ciudad de Jerusalén, con lo que todas las generaciones han soñado...[3]

Jerusalén devuelta

Los paracaidistas israelíes entraron por la Puerta del León y se abrieron camino por las calles adoquinadas de la ciudad antigua. Avanzaron hasta el Monte del Templo y el Muro Occidental. Fue la primera vez que soldados israelíes fueron vistos en la Jerusalén bíblica desde tiempos de antaño cuando los romanos la destruyeron. Llegaron al Muro Occidental, el lugar más santo del judaísmo. Allí, mirando las inmensas piedras que tenían por encima, los soldados permanecieron asombrados, muchos de ellos con lágrimas en sus ojos. Espontáneamente comenzaron a recitar la antigua oración hebrea del *Shehechianu*:

> *Baruch Atah Adonai, Elohenu Melech Ha Olam Shehechianu, V'Kiemanu, V'Higianu Lazman Hazeh.*

> *(Bendito eres tú, Señor nuestro Dios, Rey del universo, quien nos ha sostenido, quien ha guardado nuestras vidas, y quien nos ha permitido llegar hasta este día).*

A ellos se sumó el rabino Shlomo Goren, quien hizo sonar el shofar en el Muro Occidental para proclamar su liberación. Goren habló a los soldados reunidos en el muro:

La visión de todas las generaciones se está cumpliendo delante de nuestros ojos: la ciudad de Dios, el lugar del Templo, el Monte del Templo y el Muro Occidental, el símbolo de la redención de la nación, han sido redimidos...[4]

El momento es épico. Por primera vez en dos mil años, por primera vez desde la calamidad del año 70 d. C., Jerusalén está en manos judías; la Ciudad Santa es devuelta al pueblo judío y el pueblo judío a la Ciudad Santa. El momento es profético, un hito en la profecía bíblica de los últimos tiempos.

El misterio del *Shemitá* y la restauración de Jerusalén

El Jubileo está ampliamente enfocado en ser restaurado a la tierra y la herencia propias. Cada año, en la Pascua, el pueblo judío concluía la cena ceremonial diciendo: "el próximo año en Jerusalén". Ahora estaban allí. Aparte de la restauración de la tierra misma, apenas podría haber habido una restauración mayor para la nación judía en dos mil años de historia que la restauración de Jerusalén. ¿Qué tiene que ver la restauración de Jerusalén con el misterio del *Shemitá*?

Como hemos visto, el Jubileo debe tener lugar en el año siguiente al año del *Shemitá*. Los soldados israelíes entraron por la Puerta del León el 7 de junio de 1967. El año antes de eso y de la Guerra de los Seis Días fue el *Shemitá*. Por primera vez desde la calamidad del año 70 d. C., Jerusalén estaba de nuevo en manos judías. El *Shemitá* comenzó el 27 de septiembre de 1965, y terminó el 14 de septiembre de 1966. La liberación de Jerusalén tuvo lugar en el año siguiente al *Shemitá*, como en el Jubileo.

Al igual que con el otorgamiento de la tierra de Israel para un hogar natal judío, la recuperación de Jerusalén fue un Jubileo profético, un Jubileo elevado en oración por el pueblo judío por toda la tierra durante casi dos mil años, un mega

Jubileo. Y como en 1917, de nuevo tuvo lugar en el año siguiente al *Shemitá*.

El Jubileo es el año de liberación. Del mismo modo, ahora, después de casi dos mil años Jerusalén fue liberada por sus hijos.

El Jubileo se trata de redención. Del mismo modo, lo que tuvo lugar en 1967 fue considerado por el pueblo judío en todo el mundo como un momento crítico de redención nacional.

El Jubileo es el año de restauración. Por tanto, en 1967 Jerusalén fue restaurada al pueblo judío y el pueblo judío a Jerusalén. A los ojos del pueblo judío, apenas se podría haber imaginado una restauración mayor.

En el año del Jubileo, cada uno ha de "regresar a su posesión". Jerusalén fue dada al pueblo judío por Dios. Ahora ellos habían regresado a su posesión.

En el año del Jubileo, quienes habían tomado posesión de la herencia de alguien tenían que devolverla. En 1967 Jerusalén fue devuelta por tropas jordanas, y el pueblo de Israel entró por las puertas de la herencia que Dios les había prometido.

En el año del Jubileo, la gente regresaba a sus hogares ancestrales. En 1967, el pueblo judío regresó a su hogar ancestral de Jerusalén. La caída de Jerusalén en el año 70 d. C. marcó uno de los mayores días de pérdida en la historia judía. Ahora, lo que había sido perdido fue restaurado: el Jubileo.

Finalmente, en el año del Jubileo el shofar, el cuerno del carnero, se hace sonar por toda la tierra, significando libertad y restauración, de ahí el nombre de Jubileo. En 1967, no sólo fue Jerusalén restaurada al pueblo judío, sino que también en el momento de su restauración se hizo sonar el cuerno del carnero en el Muro Occidental para significar libertad y restauración.

El misterio de las dos restauraciones

Por tanto, aquí tenemos dos de los acontecimientos más importantes en la historia judía, cada uno un Jubileo profético, y cada uno tiene lugar en el año siguiente al *Shemitá*, como lo hace también el Jubileo. Aquí están dos de los mayores eventos de restauración en la historia judía moderna, cada uno representando la restauración del pueblo judío a su tierra, cada uno representando un regreso, una entrega, una llegada a casa, y la redención de una herencia; y ambos están ligados al *Shemitá*.

Todo comenzó en el año 70 d. C. cuando el pueblo judío perdió Jerusalén y la tierra de Israel. Según los mejores cálculos, el periodo entre el otoño del año 68 d. C. y el del año 69 d. C. fue el año del *Shemitá*. Eso significa que la destrucción de Jerusalén y la pérdida de la tierra de Israel tuvieron lugar en el año siguiente al *Shemitá*. Por tanto, cada una de estas dos pérdidas terribles sería revertida, redimida y restaurada en 1917 y en 1967, y cada una igualmente tuvo lugar en el año siguiente al *Shemitá*.

El séptimo *Shemitá* y el tiempo de la restauración

Pero hay más en el misterio. No es solamente que ambos eventos tienen lugar en los días siguientes al *Shemitá*, como lo hizo el Jubileo; es también el tiempo entre los dos. El ciclo del Jubileo es uno de siete periodos de siete años: siete *Shemitás*. El año cincuenta también se cuenta como el primer año del siguiente periodo de siete años. De lo contrario, los ciclos de los *Shemitás* y los Jubileos se romperían. Así, el ciclo de redención es de cuarenta y nueve años.

Por tanto, ¿cuántos años separaron los dos años hebreos de restauración: el año hebreo en el cual el imperio británico restauró la tierra al pueblo judío, y el año hebreo en el cual Jerusalén fue restaurada a Israel en la Guerra de los Seis Días? El año hebreo de la primera restauración fue de septiembre de

1917 a septiembre de 1918. El año hebreo en el cual Jerusalén fue restaurada fue de septiembre de 1966 a septiembre de 1967. El tiempo que separa las dos restauraciones es exactamente de siete periodos de siete años hebreos, cuarenta y nueve años, el mismo número de años señalado en la Biblia entre las restauraciones. Es el número bíblico dado para la restauración de la tierra propia, de las posesiones propias y del hogar ancestral propio. En otras palabras, es exactamente lo que le sucedió a la nación de Israel en un ciclo de cuarenta y nueve años.

Tanto 1917 como 1967 fueron años épicos en la historia judía y en la profecía de los últimos tiempos. Cada uno conllevó el cambio de soberanía sobre la tierra. Cada uno conllevó que quienes estaban en posesión de la tierra se vieran forzados a devolverla: los turcos otomanos en 1917 y el ejército jordano en 1967. Cada uno supuso guerra y se produjo mediante guerra: la Primera Guerra Mundial en 1917 y la Guerra de los Seis Días en 1967. Cada uno supuso lucha en la tierra de Israel. Cada uno supuso la restauración de un pueblo antiguo a su tierra y a su herencia ancestral.

La primera restauración siguió al *Shemitá* de 1916 a 1917. Contando hacia delante desde ese tiempo, llegamos al séptimo *Shemitá* de 1965 a 1966. El séptimo *Shemitá* conduce al año de la otra gran restauración: la de Jerusalén. Si el ciclo ha de continuar hacia el futuro, ¿cuándo sería el siguiente año correspondiente? El séptimo *Shemitá* sería el de 2014 a 2015. Por tanto, el año correspondiente sería de septiembre de 2015 a septiembre de 2016.

Por último, al igual que con los otros misterios y ciclos, la relación entre las dos restauraciones no necesariamente tiene que repetirse al final del ciclo siguiente, pero es digno de mención.

Para más información...

ARA DESCUBRIR MÁS sobre lo que ha leído en *El misterio del Shemitá*, para profundizar en los misterios, para aprender cómo prepararse para el futuro, para recibir otros mensajes relacionados, perspectivas y actualizaciones proféticas de Jonathan Cahn, o para saber más sobre la salvación o cómo tener parte en la obra y los propósitos de Dios en los últimos tiempos, escriba a:

Hope of the World
Box 1111
Lodi, NJ 07644
USA

También puede visitar su página web, recibir regalos, y más en HopeOfTheWorld.org, ver otros recursos en jonathancahn.com, o ponerse en contacto utilizando contact@hopeoftheworld.org.

Jonathan es el líder de Jerusalem Center/Beth Israel, un centro de adoración formado por judíos y gentiles, personas de todos los trasfondos, ubicado en Wayne, Nueva Jersey, a las afueras de la ciudad de Nueva York.

NOTAS

Capítulo 3
El misterio de los nueve presagios

1. Isaías 9:10, traducción mía. Ya que el original hebreo de Isaías 9:10 contiene un significado más rico que cualquier única traducción pudiera comunicar, a lo largo de *El presagio* las palabras de este versículo en particular fueron traducidas y ampliadas directamente del original hebreo. La Reina-Valera 1960 traduce Isaías 9:10 de este modo: "Los ladrillos cayeron, pero edificaremos de cantería; cortaron los cabrahigos, pero en su lugar pondremos cedros".

2. Washington File, "Text: Senator Majority Leader Daschle Expresses Sorrow, Resolve", 13 de septiembre de 2001, http://wfile.ait .org.tw/wf-archive/2001/010913/epf407.htm (consultado en línea el 1 de julio de 2014).

Capítulo 7
Cuarta clave: el Israel secreto

1. GreatSeal.com, "First Great Seal Committee—July/August 1776", http://www.greatseal.com/committees/firstcomm/ (consultado en línea el 2 de julio de 2014).

2. Gabriel Sivan, *The Bible and Civilization* (New York: Quadrangle/New York Times Book Company, 1974), p. 236. Visto en línea en Google Books.

3. Véase, por ejemplo, John Winthrop, "A Model of Christian Charity", http://religiousfreedom.lib.virginia.edu/sacred/charity .html (consultado en línea el 7 de julio de 2014).

Capítulo 9
Las huellas del misterio

1. Jonathan Cahn, *El presagio* (Lake Mary, FL: Casa Creacion, 2012), p. 164.

Capítulo 14
El Shemitá y la Gran Recesión

1. Cahn, *El presagio*, p. 136.

Capítulo 17
Las cuatro torres

1. Cahn, *El presagio,* 200-201.

Capítulo 21
El reinado

1. Gideon Rachman, "The Bretton Woods Sequel Will Flop", *Financial Times,* 10 de noviembre de 2008, http://www.ft .com/cms/s/ 0/0b3da1e6-af4b-11dd-a4bf-000077b07658.html #axzz36POxAKZz (consultado en línea el 3 de julio de 2014).

Capítulo 23
La última torre

1. Mary Bruce, "'One Today': Full Text of Richard Blanco Inaugural Poem", ABC News, 21 de enero de 2013, http://abcnews .go.com/ Politics/today-richard-blanco-poem-read-barack-obama -inauguration/story?id=18274653 (consultado en línea el 3 de julio de 2014).
2. *Ibíd.*

Epílogo, parte 1
Una última nota: Los soles negros (y las lunas rojas)

1. Véase Judeo-Christian Research, "The Babylonian Talmud, Sukkah", http://juchre.org/talmud/sukkah/sukkah2.htm (consultado en línea el 15 de julio de 2014).

Epílogo, parte 2
Un último misterio: el séptimo Shemitá

1. Edmund Allenby, como se cita en *God's Little Devotional Book for Students* (N.p.: Honor Books, 2003), p. 281. Visto en línea en Google Books.
2. The Avalon Project, "Balfour Declaration 1917", Lillian Goldman Law Library, Yale Law School, http://avalon.law.yale.edu/ 20th_century/balfour.asp (consultado en línea el 3 de julio de 2014).
3. Jewish Virtual Library, "The Six-Day War: The Liberation of the Temple Mount and Western Wall", http://www.jewishvirtual library.org/jsource/History/1967lib.html (consultado en línea el 3 de julio de 2014).
4. SixDayWar.org, "1967: Reunification of Jerusalem", http:// www.sixdaywar.org/content/ReunificationJerusalem.asp (consultado en línea el 3 de julio de 2014).

ACERCA DEL AUTOR

JONATHAN CAHN CAUSÓ un revuelo por todo Estados Unidos y todo el mundo con la publicación de su primer libro, *El presagio*, que se convirtió en un inmediato éxito de ventas del *New York Times*. El libro le llevó al protagonismo nacional e internacional e incontables apariciones en televisión y en los medios. Mucho antes que el libro, era conocido por revelar los profundos misterios de la Escritura y por enseñanzas de relevancia profética. Dirige Hope of the World Ministries, un esfuerzo internacional de enseñanza, evangelismo y proyectos de compasión para los necesitados. También dirige Jerusalem Center/Beth Israel, un centro de adoración constituido por judíos y gentiles, personas de todo trasfondo, situado en Wayne, Nueva Jersey, a las afueras de la ciudad de Nueva York. Es un orador muy solicitado, y aparece en todo Estados Unidos y el mundo. Él es un creyente judío mesiánico, un seguidor judío de Jesús. Para más información, para encontrar más de otros dos mil mensajes y misterios de los que Jonathan ha hablado, para recibir regalos gratuitos, para ser parte de su ministerio o para ponerse en contacto, escriba a:

Hope of the World
Box 1111
Lodi, NJ 07644
USA

O visite su página web en:
HopeOfTheWorld.org

También puede visitar su sitio en Facebook (Jonathan Cahn) o un sitio de recursos en jonathancahn.com, o enviar un correo electrónico a contact@hopeoftheworld.org.